Anette Töniges-Harms

Rätselsammlung Religion

Die geheimnisvolle Welt der Bibel

49 Rätsel-Kopiervorlagen für die Sekundarstufe I:

Berufszuordnung
Buchstabendurcheinander
Buchstabenlabyrinth
Dominos
Geheimschriften
Kreuzworträtsel
Personenzuordnung
Rätsel im Morsealphabet
Rechenrätsel
Schlangenrätsel
Silbenmix
Spurensuche
Textpuzzles
Textstellenzuordnung

Auer Verlag GmbH

Gedruckt auf umweltbewusst gefertigtem, chlorfrei gebleichtem
und alterungsbeständigem Papier.

1. Auflage. 1999
Nach der Neuregelung der deutschen Rechtschreibung

Gesamtherstellung: Ludwig Auer GmbH, Donauwörth
ISBN 3-403-0**3195**-0

Inhaltsverzeichnis

Die Zahlen in Klammern geben die Lösungsseiten an.

Vorwort

Biblische Themen im Religionsunterricht können für die SchülerInnen der Sekundarstufe I interessant und spannend sein. Dieses beweist die vorliegende Sammlung von Rätseln zur Bibel.
Die Formen sind sehr unterschiedlich: Dominos, Puzzles, Geheimschriften, Rätsel im Morsealphabet, Rätsel im Silben- und Buchstabenmix, etc.
Die Themen sind ebenfalls sehr vielfältig.
Im 1. Kapitel geht es um das Neue Testament. Kindheitsevangelien, Gleichnisse, Wunder und Leiden Jesu sind nur einige Themen, die in unterschiedlichen Rätselformen behandelt werden.
Das Alte Testament ist der Schwerpunkt des 2. Kapitels.
Im 3. Kapitel werden allgemeine und auch außergewöhnliche Bereiche der Bibel behandelt. So kann man im Religionsunterricht z. B. ein Rechenrätsel besprechen oder die Themen „Der biblische Zoo" bzw. „Die biblische Pflanzenwelt" aufgreifen.
Die Rätselsammlung soll den SchülerInnen ein biblisches Basiswissen vermitteln. Der Umgang und die Arbeit mit der Bibel werden geschult. Die SchülerInnen sollen motiviert werden, sich mit biblischen Themen auseinanderzusetzen. Weiterhin wird die Neugier und Kreativität der SchülerInnen geweckt.
Die Rätsel können unabhängig vom Stoff des Religionsunterrichtes mit dem Ziel eingesetzt werden, die Methoden- und Themenvielfalt zu steigern. Es ist aber auch denkbar, die Rätsel zur Vertiefung von bestimmten biblischen Themen, zur inneren Differenzierung oder als Übung bzw. Wiederholung einzusetzen. Auch im Bereich der Freiarbeit findet diese Rätselsammlung sicher ihren Platz.

1. Kapitel

RÄTSEL ZUM NEUEN TESTAMENT

Das Leben Jesu

Bearbeite das Rätsel. Die dick umrandeten Felder bilden von oben nach unten gelesen die Lösung.

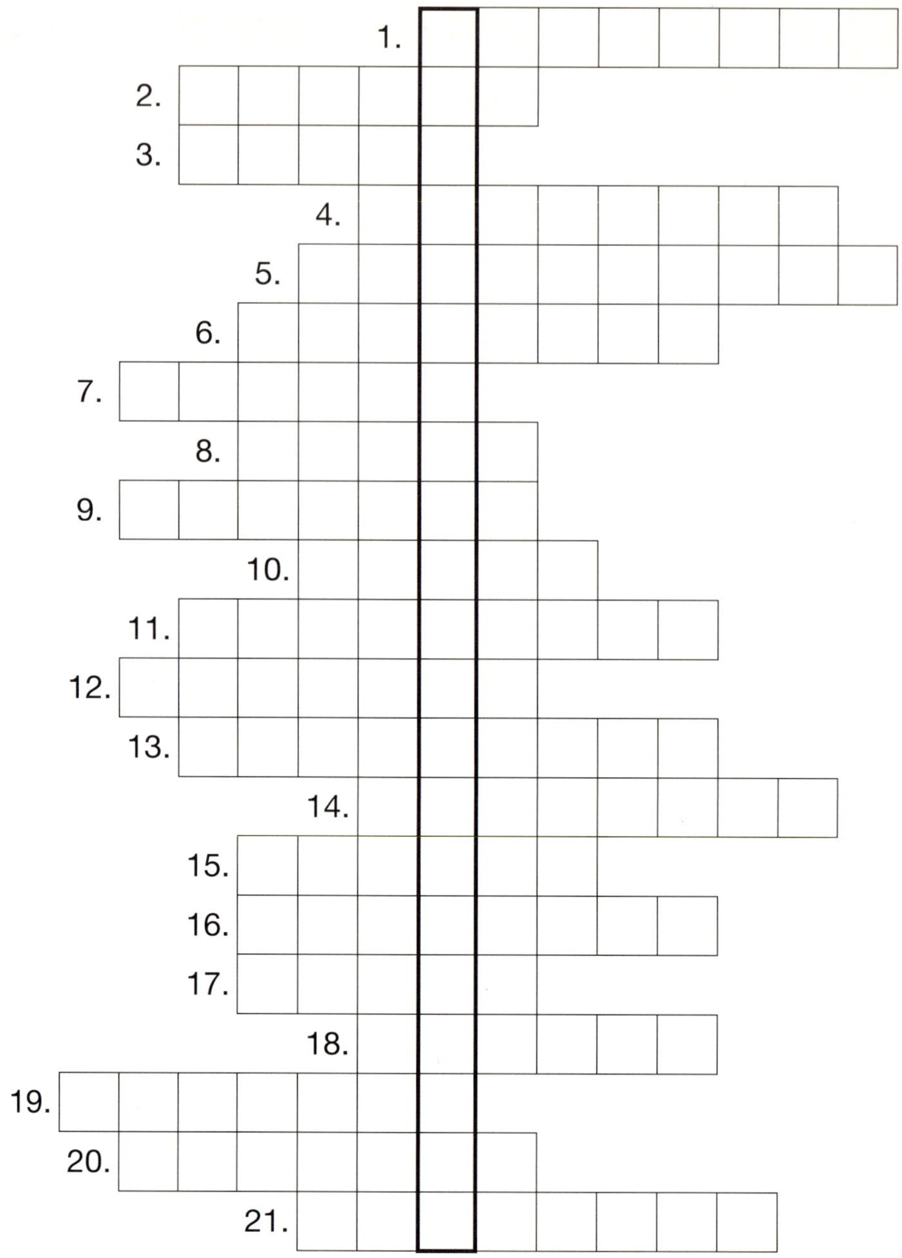

Lösung: ______________________________

1. Person, von der Jesus im Jordan getauft wurde
2. Menschengruppe, der Engel auf einem Feld erschienen
3. Person, von der Jesus vor seiner Kreuzigung verraten wurde
4. römischer Kaiser zur Zeit der Geburt Jesu
5. Fest, das Jesus als 12-Jähriger in Jerusalem feierte
6. Gebiet, in dem Jesus zum ersten Mal öffentlich auftrat
7. der Erste unter den Aposteln
8. eine der zwei Schwestern, die Jesus freundlich aufnahmen
9. Name einer Person, die Jesus von den Toten erweckte
10. Name einer Frau, die im Tempel war, als Jesus beschnitten wurde
11. Stadt, in der Jesus gekreuzigt wurde
12. Gruppe der engsten Freunde um Jesus
13. Lieblingsstadt Jesu am See von Galiäa
14. Geburtsort Jesu
15. Name des Synagogenvorstehers, dessen Tochter Jesus von den Toten erweckte
16. Menschengruppe, die für den römischen Kaiser arbeitete
17. ursprünglicher Name des Apostels Petrus
18. Gotteshaus in Jerusalem, in dem Jesus lehrte
19. einer der Jünger auf dem Weg nach Emmaus
20. Stadt, in der Jesus aufwuchs
21. Name des Mannes, den Pilatus an Stelle von Jesus freiließ

Domino: Jesus und die Menschen seiner Zeit (1)

Schneide die Karten aus und stelle die richtige Reihenfolge her.

Judas Iskariot	kleiner Oberzöllner
Barabbas	Name eines Mannes, der Jesu dreimal verleugnete
Getsemani	Stadt, in der Jesus aufwuchs
Simon Petrus	Zeichen, durch das Jesus verraten wurde
Jordan	Gremium, von dem Jesus verhört wurde
Brote und Fische	Name des Mannes, der Jesus vom Kreuz nahm
Pilatus	Name des römischen Kaisers zur Zeit der Geburt Jesu
Maria Magdalena	Name des Mannes, den Pilatus freiließ
Simon Petrus	Name des Gartens, in dem Jesus vor seinem Tod betete

Der König der Juden	Name der Frau, die häufig an der Seite Jesu war
See von Galiläa	Fluss, in dem Jesus getauft wurde
Hohe Rat	Name der Stadt, in der Jesus den Tempel besuchte
Johannes	bekannter Zöllner, der Jesus nachfolgte
Jerusalem	Name des Mannes, der Jesus taufte
Maria und Marta	Menschengruppe, die Jesus aus dem Tempel vertrieb
Josef	Name des Mannes, der Jesus zum Tode verurteilte
Augustus	Jesus heilte die Schwiegermutter von …
Kuss	Name des Sees, an dem Jesus predigte

Domino: Jesus und die Menschen seiner Zeit (2)

Simon von Zyrene	Name des Mannes, der Jesus verriet
Levi	Name des blinden Bettlers, den Jesus heilte
Emmaus	Konig, der Jesus töten wollte
Bartimäus	Golgota heißt übersetzt …
Schädelhöhe	Tier, auf dem Jesus vor seinem Leiden in Jerusalem einzog
40 Tage	Nahrungsmittel, die Jesus an 5000 Menschen verteilte
Vater unser	Ende
Simon und Andreas	Name des Mannes, der Jesus das Kreuz tragen half
Start	Geburtsort Jesu

Zachäus	Aufschrift auf dem Kreuz, an dem Jesus starb
Nazaret	Marias Mann
Betlehem	Mutter Jesu
Herodes	Gebet, das Jesus sprach
Josef von Arimathäa	2 Frauen, die Jesus freundlich aufnahmen
Paschamahl	2 Jünger sprachen mit dem Auferstande-nen auf dem Weg nach …
Esel	Zeitraum, in dem Jesus fastete
Händler	Name des Mahles, das Jesus vor seinem Tod feierte
Maria	Namen der ersten zwei Jünger, die Jesus zu sich rief

Das Kindheitsevangelium nach Lukas (Lk 1,5–2,52)

Bearbeite das Rätsel. Die dick umrandeten Felder bilden von oben nach unten gelesen die Lösung.

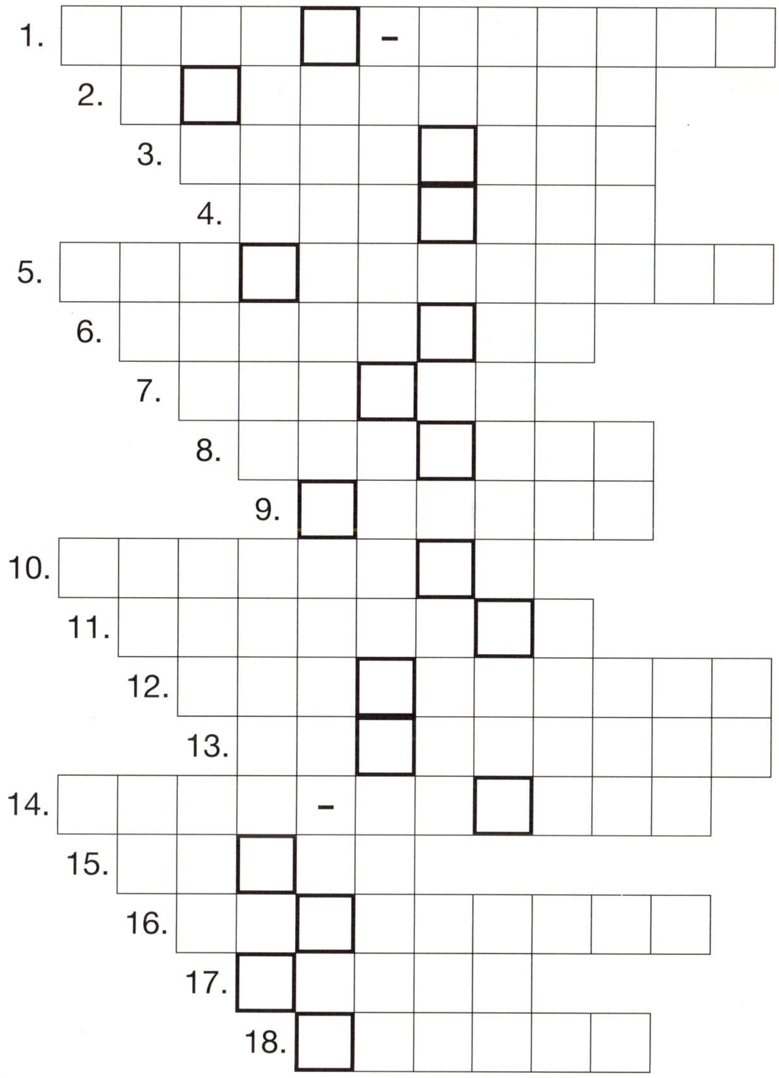

Lösung: ______________________________

1. Zeitraum, in dem Elisabet zurückgezogen lebte
2. Name des Statthalters von Syrien
3. Haus, in dem kein Platz für Jesus war
4. Name des Engels, der dem Zacharias erschien
5. Fest, als Jesu 8 Tage alt war (Fest der …)
6. Name der Stadt Davids
7. Menschen, die nachts auf einem Feld lagerten
8. Was verkündet die Engelschar für die Erde?
9. Tiere, die als Opfer im Tempel dargebracht wurden
10. Frau des Zacharias
11. Name des römischen Kaisers
12. Name des Festes, zu dem der 12-jährige Jesus mit seinen Eltern ging
13. Sohn des Zacharias
14. Zeitraum, in dem Maria bei Elisabet blieb
15. Name der Priesterklasse, zu der Zachäus gehörte
16. Name, den die Nachbarn und Verwandten dem Kind von Elisabet geben wollten
17. Name der Frau, die sich im Tempel aufhielt
18. Ort, an dem Maria und Josef den 12-jährigen Jesus fanden

Das Kindheitsevangelium nach Matthäus (Mt 1,18–2,23)

Bearbeite das Rätsel. Die grauen Felder bilden von oben nach unten gelesen die Lösung.

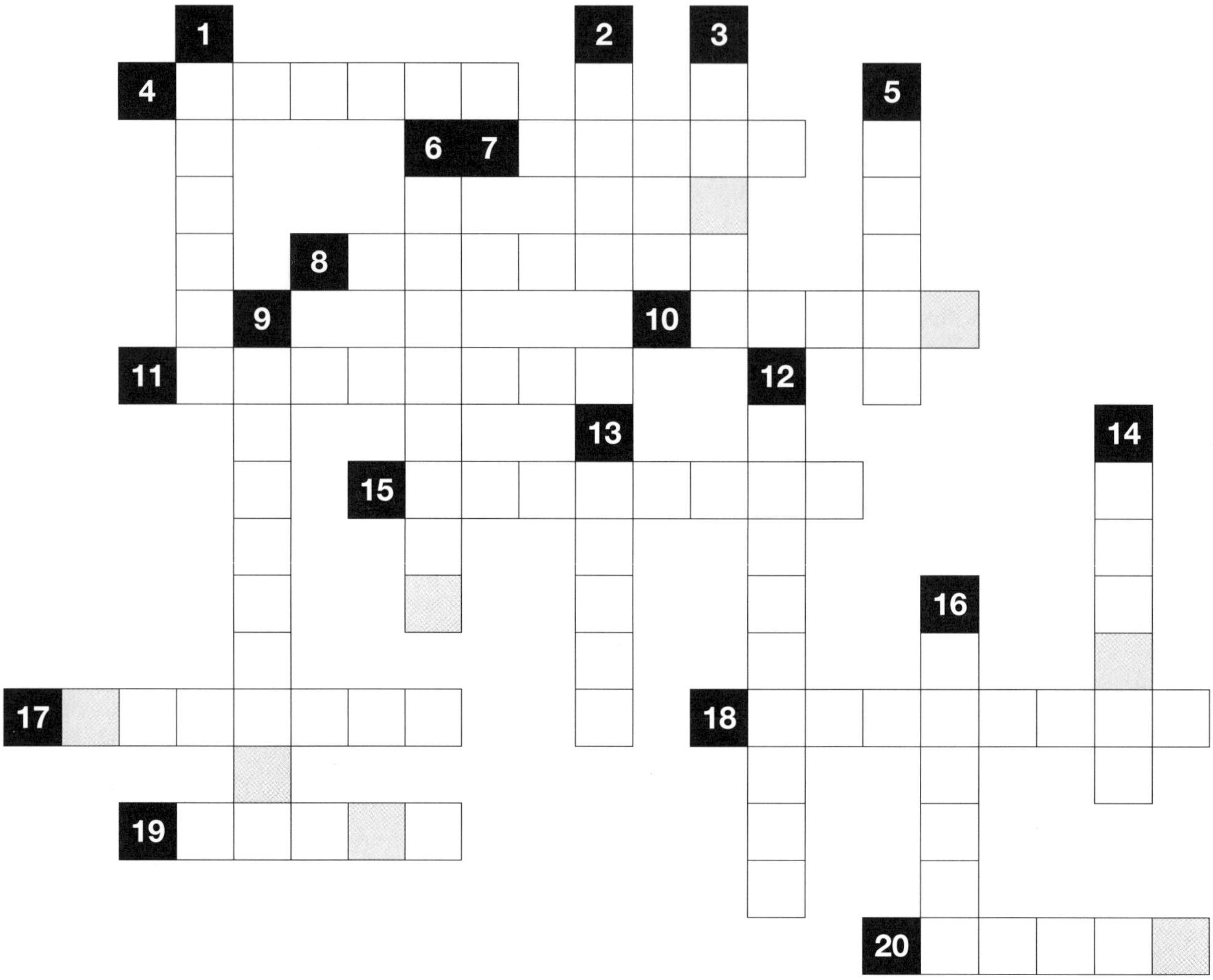

Lösungswort: ______________________________

Waagrecht:

4 Herodes ließ alle … bis zum Alter von 2 Jahren töten.
7 Maria war mit … verlobt.
8 Der König zur Zeit der Geburt Jesu hieß …
10 Ein Engel des Herrn erschien Josef im …
11 Als Josef mit seiner Familie aus Ägypten kam, zog er in das Gebiet von …
15 Die Sterndeuter kamen nach Betlehem, um Jesus zu …
17 Josef ließ sich mit seiner Familie in einer Stadt namens … nieder.
18 Josef und Maria flohen mit dem Kind nach …
19 Die Sterndeuter kamen aus dem …

Senkrecht:

1 Die Sterndeuter bezeichneten Jesus als den … der Juden.
2 Die Sterndeuter brachten … als eine von 3 Gaben zu Jesus.
3 Das Kind, das Maria erwartete, war vom Heiligen …
5 Marias Sohn hieß …
6 Jesus wurde in der Stadt … geboren.
9 Der Sohn des Herodes hieß …
12 Ein Geschenk der Sterndeuter war …
13 Josef war aus dem Stamme …
14 Betlehem liegt im Gebiet von …
16 … war eine der Gaben der Sterndeuter.

Die Bedeutung Jesu in den Kindheitsevangelien

Suche die angegebenen Bibelstellen heraus und schreibe auf, wie Jesus jeweils bezeichnet wird.

① ② ③ ④ ⑤ ⑥ ⑦ ⑧ ⑨ ⑩ ⑪ ⑫ ⑬

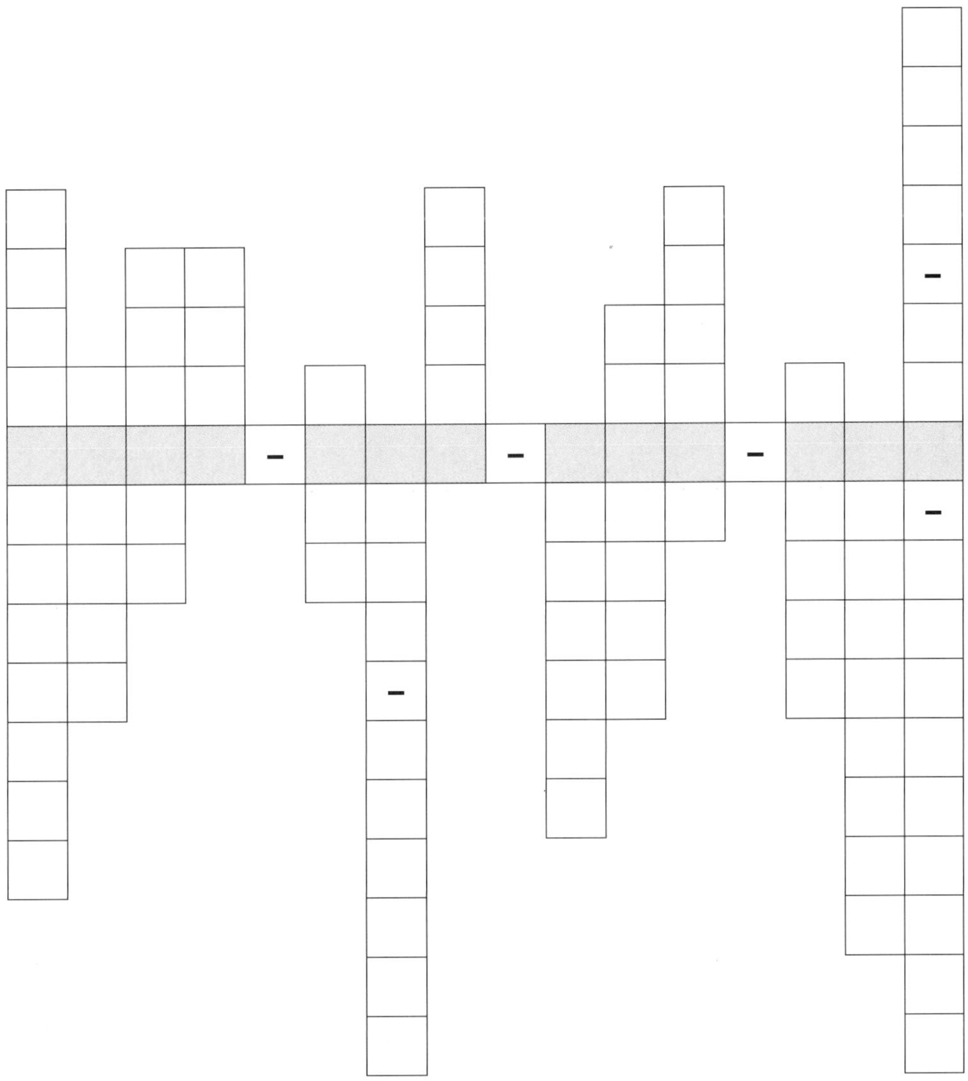

① **Lk 2,7**
② **Mt 2,2**
③ **Lk 2,11**
④ **Mt 2,6**
⑤ **Lk 2,16**
⑥ **Lk 1,35**
⑦ **Lk 2,32**

⑧ **Lk 2,11**
⑨ **Lk 2,34**
⑩ **Mt 1,18**
⑪ **Mt 2,6**
⑫ **Mt 2,23**
⑬ **Lk 1,32**

Gleichnisse im Buchstabendurcheinander

Finde die Namen der zehn Gleichnisse, indem du die Buchstaben in die richtige Reihenfolge bringst. Schreibe die von dir gefundenen Worte auf.

1. Das Gleichnis vom NAMÄSN

2. Das Gleichnis vom EHARBRZIGNEM MRETASARI

3. Das Gleichnis vom KRNONESF

4. Das Gleichnis vom TGEUASERI

5. Das Gleichnis vom LERVRONEEN NOSH

6. Das Gleichnis von den RBEIATNRE MI BIERGEWN

7. Das Gleichnis vom NEROLENREV FSCAH

8. Das Gleichnis von der REVRLOEENN CHMAERD

9. Das Gleichnis von den NÖSEB ZIWNRNE

10. Das Gleichnis vom NEGKLU WERVATLRE

Auf den Spuren der Gleichnisse

Ordne den Textstellen die richtigen Bibelstellen zu!

Und wenn er es gefunden hat, nimmt er es voll Freude auf seine Schultern.	______________________
Ein anderer Teil schließlich fiel auf guten Boden und brachte Frucht.	______________________
Aber jetzt müssen wir uns doch freuen und ein Fest feiern; denn dein Bruder war tot und lebt wieder; er war verloren und ist wiedergefunden worden.	______________________
Hast du nicht einen Denar mit mir vereinbart? Nimm dein Geld und geh!	______________________
Und wenn sie es gefunden hat, ruft sie ihre Freundinnen und Nachbarinnen zusammen.	______________________
Der Herr hatte Mitleid mit dem Diener, ließ ihn gehen und schenkte ihm die Schuld.	______________________
Dann hob er ihn auf sein Reittier, brachte ihn zu einer Herberge und sorgte für ihn.	______________________
Dieses ist das kleinste von allen Samenkörnern, die man in die Erde sät.	______________________

Der Sämann (Mt 4,3–9)
Der verlorene Sohn (Lk 15,11–32)
Der unbarmherzige Gläubiger (Mt 18,23–35)
Die verlorene Drachme (Lk 15,8–10)
Der barmherzige Samariter (Lk 10,30–37)
Das Senfkorn (Mk 4,30–32)
Das verlorene Schaf (Lk 15,4–7)
Die Arbeiter im Weinberg (Mt 20,1–16)

Textpuzzle: Der barmherzige Samariter (Lk 10,30–35)

Schneide die Sätze aus und füge sie so zusammen, dass eine Geschichte entsteht. Klebe die Teile auf. Die Buchstaben ergeben einen Lösungssatz.

Sie plünderten ihn aus und schlugen ihn nieder.	**NAE**
Dann hob er ihn auf sein Reittier.	**ED**
Dann kam ein Mann aus Samarien, der auf der Reise war.	**LIE**
Als er ihn sah, hatte er Mitleid.	**BEN**
Er wurde von Räubern überfallen.	**NEN**
Ein Mann ging von Jerusalem nach Jericho hinab.	**DEI**
Er brachte ihn zu einer Herberge und sorgte für ihn.	**ICH**
Dann gingen sie weg und ließen ihn halbtot liegen.	**CHS**
Sorge für ihn, und wenn du mehr für ihn brauchst, werde ich es dir bezahlen, wenn ich wiederkomme.	**BST**
Er sah ihn und ging weiter.	**SOL**
Er ging zu ihm hin, goß Öl und Wein auf seine Wunden und verband ihn.	**WI**
Auch ein Levit kam zu der Stelle.	**LST**
Am anderen Morgen holte er zwei Denare hervor, gab sie dem Wirt und sagte:	**SEL**
Er sah ihn und ging weiter.	**DU**
Zufällig kam ein Priester denselben Weg herab.	**TEN**

Wundererzählungen nach dem Markusevangelium im Buchstabendurcheinander

Wie heißen die 10 Wundererzählungen?
Löse das Rätsel, indem du die Buchstaben in die richtige Reihenfolge bringst. Schreibe die neuen Wörter auf.

1. Die Speisung der DENFÜTAUFNS ______
2. Der Gang Jesu auf dem RSASWE ______
3. Die Auferweckung der Tochter des JRUSAI ______
4. Die Heilung der ERCHSMTTWEGUERI des Petrus ______
5. Die Heilung eines STÄIASUENGZ ______
6. Die Heilung eines LMÄTHEGEN ______
7. Die Heilung eines STTUABMENMU ______
8. Die Heilung eines LBNINED bei Betsaida ______
9. Die Heilung des SBENESSEEN von Gerasda ______
10. Die Heilung eines NMNESA am Sabbat ______

Textpuzzle: Die Auferweckung eines jungen Mannes in Nain (Lk 7,11–17)

Schneide die Sätze aus und füge sie so zusammen, dass eine Geschichte entsteht.
Klebe die Teile auf. Die Buchstaben ergeben einen Lösungssatz.

Ein großer Prophet ist unter uns aufgetreten: Gott hat sich seines Volkes angenommen.	**NJE**
Als er in die Nähe des Stadttores kam, trug man gerade einen Toten heraus.	**TUN**
Und viele Leute aus der Stadt begleiteten sie.	**RMU**
Alle wurden von Furcht ergriffen; sie priesen Gott und sagten:	**SOH**
Dann ging er zu der Bahre hin und fasste sie an.	**RDU**
Und die Kunde davon verbreitete sich überall in Judäa und im ganzen Gebiet ringsum.	**SUS**
Da richtete sich der Tote auf und begann zu sprechen, und Jesus gab ihn seiner Mutter zurück.	**TES**
Jesus ging in eine Stadt namens Nain.	**DIE**
Es war der einzige Sohn seiner Mutter, einer Witwe.	**GDE**
Seine Jünger und eine große Menschenmenge folgten ihm.	**RET**
Als der Herr die Frau sah, hatte er Mitleid mit ihr und sagte zu ihr: Weine nicht!	**TTE**
Ich befehle dir, junger Mann: Steh auf!	**GOT**
Die Träger bleiben stehen, und er sagte:	**RCH**

Textpuzzle:
Jesus im Haus des Zöllners Zachäus (Lk 19,1–10)

Schneide die Sätze aus und füge sie so zusammen, dass eine Geschichte entsteht. Klebe die Teile dann auf!

Als Jesus an die Stelle kam, schaute er hinauf und sagte zu ihm:

Da sagte Jesus zu ihm: Heute ist diesem Haus das Heil geschenkt worden. Denn der Menschensohn ist gekommen, um zu suchen und zu retten, was verloren ist.

Zachäus aber wandte sich an den Herrn und sagte:

Zachäus, komm schnell herunter! Denn ich möchte heute in deinem Haus zu Gast sein.

Er war der oberste Zollpächter und war sehr reich.

Dort wohnte ein Mann namens Zachäus.

Darum lief er voraus und stieg auf einen Maulbeerfeigenbaum.

Jesus kam nach Jericho und ging durch die Stadt.

Doch die Menschenmenge versperrte ihm die Sicht, denn er war sehr klein.

Als die Leute das sahen, empörten sie sich und sagten: Er ist bei einem Sünder eingekehrt.

Er wollte gern sehen, wer dieser Jesus sei.

Herr, die Hälfte meines Vermögens will ich den Armen geben, und wenn ich von jemand zu viel gefordert habe, gebe ich ihm das Vierfache zurück.

Da stieg er schnell herunter und nahm Jesus freudig bei sich auf.

Die Markus-Passion (Mk 14,26–15,41)

Die dick umrandeten Felder ergeben die Lösung des Rätsels.

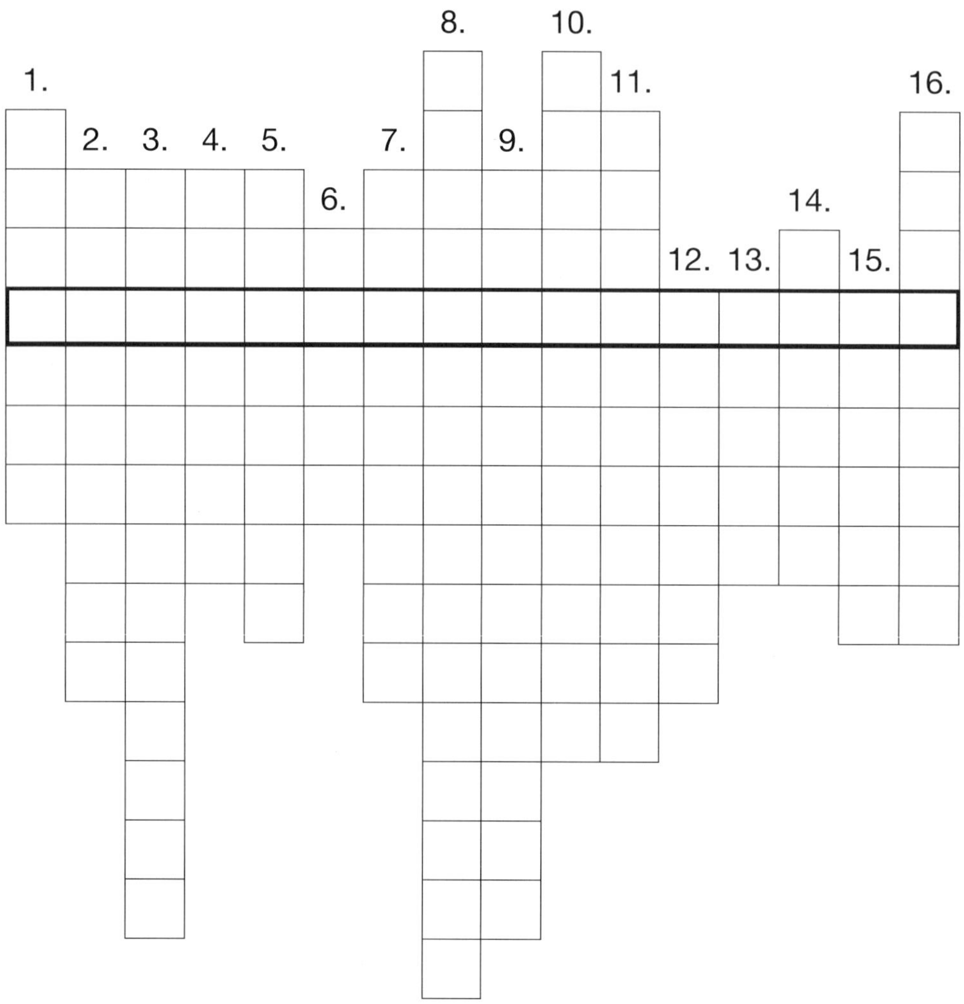

1. Verurteilte Jesus zum Tod
2. Titel eines Römers, der nach Jesu Tod an ihn glaubte
3. Handlung, nachdem Jesus von Judas geküsst wurde
4. Männer, die mit Jesus gekreuzigt wurden
5. Name eines Verbrechers, der freigelassen wurde
6. Man gab es Jesus zu trinken
7. Name des Gartens, in dem Jesus betete
8. Anklagepunkt gegen Jesus
9. Deutsches Wort für Golgota
10. Kleidungsstück, das die Soldaten Jesus umlegten
11. Gegenstand, den die Soldaten flochten und Jesus aufsetzten
12. Bezeichnung des Ortes, an dem Jesus gekreuzigt wurde
13. Name des Apostels, der Jesus verriet
14. Name des Apostels, der Jesus verleugnete
15. Name einer Frau, die der Kreuzigung von weitem zusah
16. Stadt, in der Jesus gekreuzigt wurde

Textpuzzle: Vom Beten – Das Vaterunser (Mt 6,9–14)

Schneide die Sätze aus, stelle die richtige Reihenfolge her und klebe die Teile auf. Die Buchstaben ergeben ein Lösungswort.

wie im Himmel, so auf der Erde.	T
dein Wille geschehe	E
Wenn ihr aber den Menschen nicht vergebt, dann wird euch euer Vater eure Verfehlungen auch nicht vergeben.	N
Gib uns heute das Brot, das wir brauchen.	D
Denn wenn ihr den Menschen ihre Verfehlungen vergebt,	R
Unser Vater im Himmel,	G
wie auch wir sie unseren Schuldnern erlassen haben.	S
dein Name werde geheiligt,	E
Und führe uns nicht in Versuchung,	H
dein Reich komme,	B
dann wird euer himmlischer Vater auch euch vergeben.	R
sondern rette uns vor dem Bösen.	E
Und erlass uns unsere Schulden,	E

Eigenschaften der Mutter Jesu im Buchstabenlabyrinth

Finde 14 Eigenschaften der Mutter Jesu, die in diesem Buchstabendurcheinander senkrecht, waagrecht oder diagonal versteckt sind. Kreise sie ein!

A	S	M	E	R	T	I	U	Q	B	E	M	W	P	U	S
U	M	N	A	C	A	E	P	A	X	V	M	Ä	R	H	A
S	Y	S	A	E	N	G	S	T	L	I	C	H	A	E	U
E	E	R	T	V	C	B	N	M	K	L	K	J	H	G	S
R	P	O	I	U	Z	H	T	R	T	Z	J	G	B	A	S
W	D	F	G	X	B	N	T	A	D	T	Z	U	E	A	E
A	E	D	E	M	U	E	T	I	G	I	L	D	S	M	R
E	M	B	X	A	R	Z	U	I	G	W	E	O	C	Z	G
H	L	K	S	M	K	K	F	H	S	D	E	R	H	I	E
L	W	S	C	T	X	C	D	E	E	R	F	V	E	B	W
T	M	J	H	N	A	I	A	O	L	A	L	A	I	T	O
K	L	A	W	Z	U	R	W	U	B	M	N	B	D	X	E
A	Z	I	A	B	E	U	K	I	S	W	E	R	E	Z	H
W	O	N	C	M	N	V	X	A	T	Q	R	T	N	U	N
A	D	F	H	B	C	R	Z	M	B	X	T	I	R	W	L
M	X	C	V	Y	N	M	Z	R	E	W	E	R	T	Z	I
Q	U	W	V	B	O	Z	T	M	W	I	O	E	H	G	C
P	M	U	T	I	G	E	Q	X	U	B	N	N	M	F	H
K	J	H	G	F	D	S	E	R	S	T	Z	F	P	I	U
K	A	E	M	P	F	E	R	I	S	C	H	L	A	J	H
M	N	B	V	C	X	Y	S	D	T	F	G	H	J	C	E
E	R	G	E	H	O	R	S	A	M	O	U	Z	T	R	H
D	F	G	H	J	K	T	W	U	O	E	L	K	J	H	G
C	V	B	N	M	Z	H	G	F	D	K	L	U	G	W	Z

Städte in Palästina zur Zeit des Neuen Testaments

Die grauen Felder ergeben die Lösung des Rätsels.

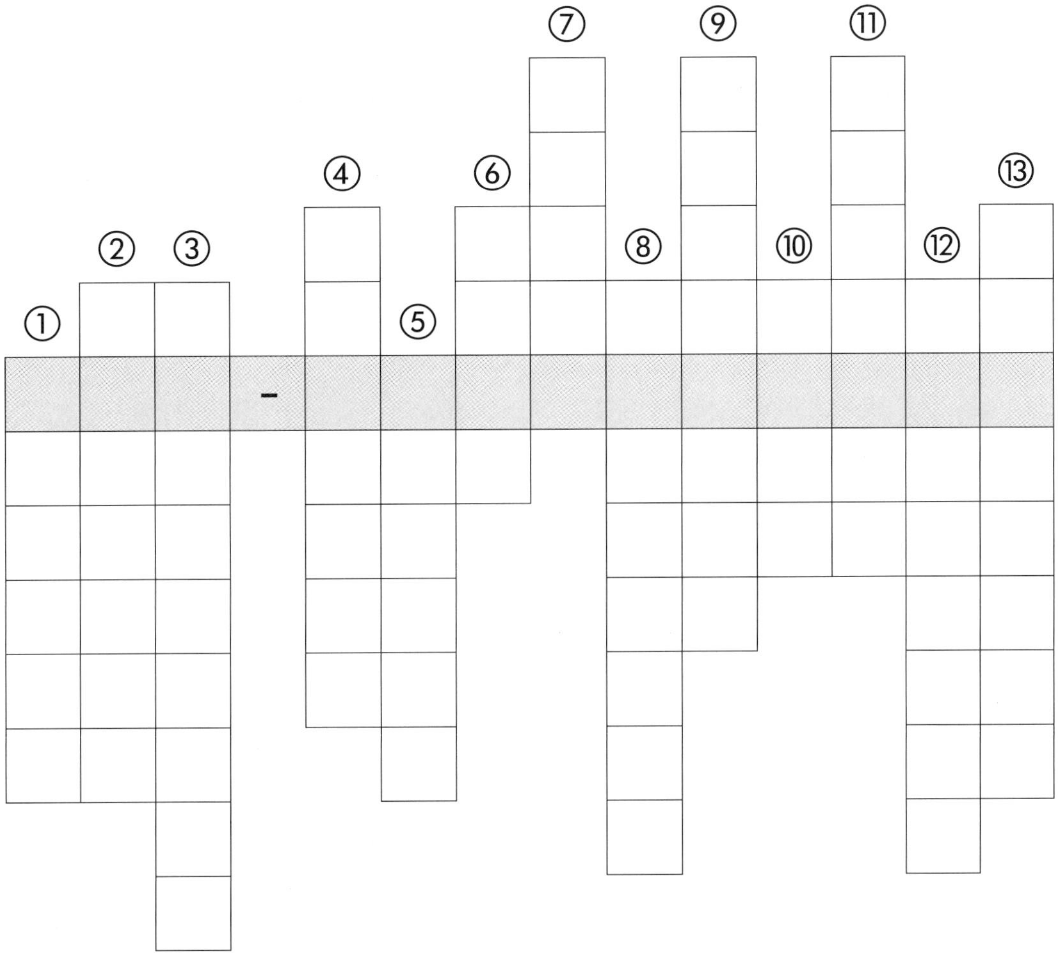

Lösung: ____

1. Ort, der für die Samaritaner eine große Bedeutung hatte (Apg 7,16)
2. alte Stadt im Jordangraben, die Jesus im Gleichnis vom barmherzigen Samariter erwähnt (Lk 10,30)
3. wichtigste Stadt für die Juden, in der Jesus gekreuzigt wurde (Lk 19,28)
4. Heimatort der Maria Magdalena (Mt 27,56)
5. kleine Stadt in der Nähe von Jerusalem, in der Jesus zwei Jüngern nach seiner Auferstehung erschien (Lk 24,13)
6. Stadt in Galiläa, in der Jesus sein erstes Wunder vollbrachte (Joh 2,1)
7. Hafenstadt, in der Paulus auf seiner Reise nach Rom war (Apg 27,3)
8. Heimatort der Apostel Andreas, Simon und Philippus (Mk 8,22)
9. Stadt, vor der Paulus bekehrt wurde (Apg 9,3)
10. Stadt, in der Jesus einem Jungen das Leben schenkte (Lk 7,11)
11. Stadt in Galiläa, in der Jesus bis zu seinem öffentlichen Auftreten wohnte (Mt 2,23)
12. östlich von Jerusalem gelegener Ort, in dem Lazarus wohnte (Joh 11,1)
13. kleiner Ort südlich von Jerusalem, in dem Jesus geboren wurde (Mt 2,1)

Domino: Paulus (1)

Schneide die Karten aus und stelle die richtige Reihenfolge her.

Vier	Küstenstadt im heutigen Kleinasien, die Paulus besuchte	Ephesus	Enger Mitarbeiter des Paulus
Denar	Ort, in dem Paulus starb	Schiff	Insel, die Paulus auf seiner Romreise besuchte
Kreta	Gefahren während seiner Reise	Das römische Bürgerrecht	Römische Münze
Räuberei und Schiffsbrüche	Anzahl der Missionsreisen des Paulus	Zelt- und Teppichmacher	Stadt, in der sich Paulus mit den Aposteln traf
Jerusalem	Gebäude, in dem Paulus mehrere Jahre verbrachte	Timotheus	Ende
Rom	Person (mit 5 Buchstaben), an die Paulus einen Brief schrieb	Gefängnis	Welches Bürgerrecht besaß Paulus?

Domino: Paulus (2)

Verkündigung des Evangeliums	Land, das Paulus zweimal bereiste
Saulus	Ort, in dem Paulus geboren wurde
Griechisch und Hebräisch	Stadt, vor der Jesus dem Paulus erschien
Titus	Paulus war bei der Steinigung von … anwesend
Griechenland	Verkehrsmittel, mit dem Paulus nach Rom gelangte
Christen	Tätigkeit des Paulus, nachdem Jesus ihm erschienen war
Damaskus	Gotteshäuser, in denen Paulus predigte
Stephanus	Gemeinde in Griechenland, die Paulus besuchte
Start	Jüdischer Name des Paulus
Tarsus	Sprachen, die Paulus beherrschte
Korinth	Menschengruppe, die Paulus zunächst verfolgte
Synagogen	Beruf des Paulus

Das Leben des Paulus

Bearbeite das Rätsel. Die dick umrandeten Felder bilden von oben nach unten gelesen die Lösung.

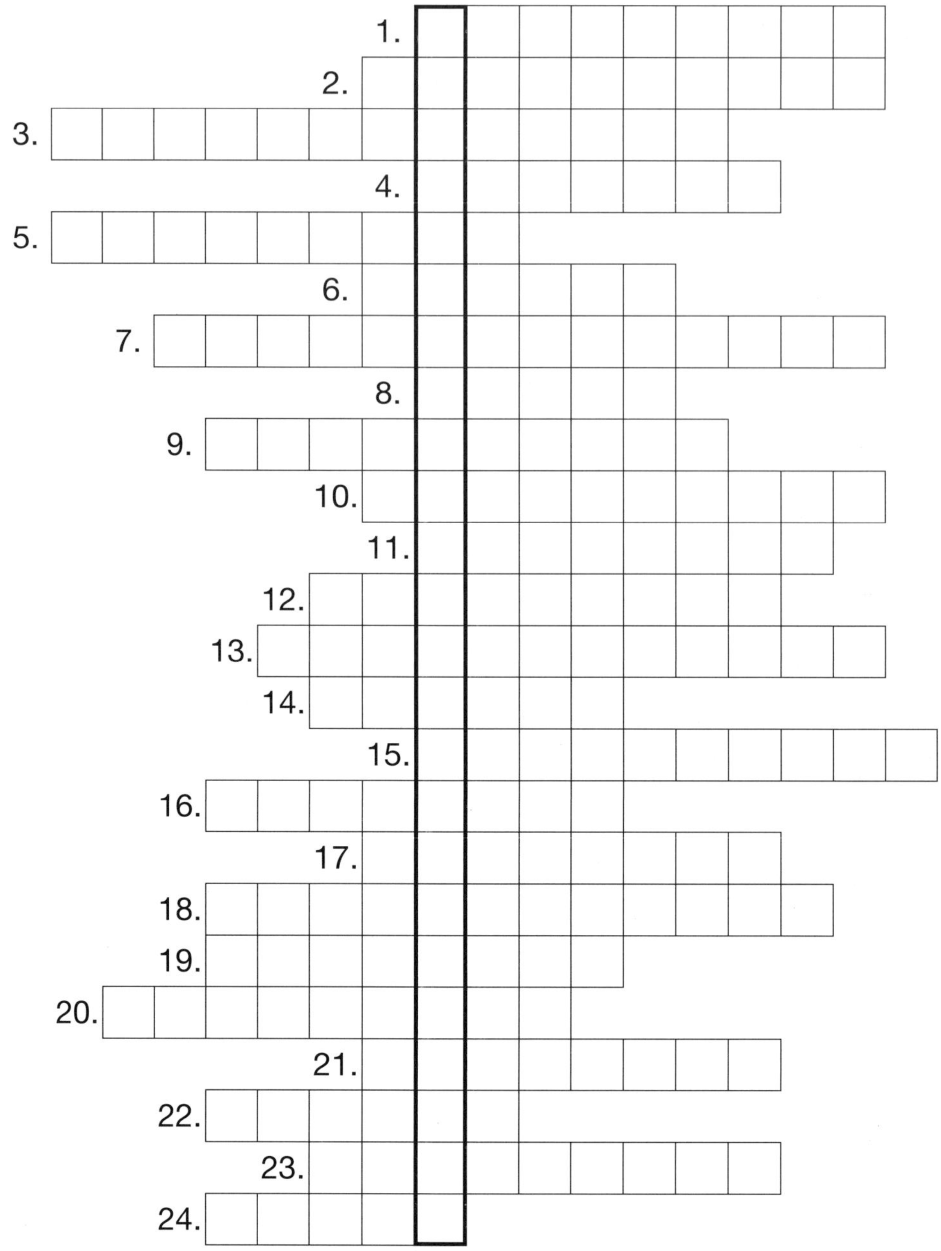

Lösung: ______________________________

1. Bevor Paulus zum Christentum übertrat, war er ein … der Christen.
2. Beruf des Paulus
3. Bezeichnung für die Menschen, die zunächst Juden waren und anschließend Christen wurden
4. Hafenstadt in Griechenland, die Paulus besuchte
5. Mitarbeiter des Paulus, an den er zwei Briefe schrieb
6. Einer der führenden Apostel
7. Bezeichnung für die Menschen, die zunächst Heiden waren und dann Christen wurden
8. Ort, bis zu dem Paulus auf seiner ersten Missionsreise reiste
9. Gebäude, in dem sich Paulus während seiner Reisen häufiger aufhalten musste
10. Paulus sprach hebräisch und …
11. Name der Stadt, vor der Paulus ein Erlebnis hatte, das sein Leben veränderte
12. Name des ersten Märtyrers im Christentum
13. Stadt in Griechenland, an deren Einwohner Paulus 2 Briefe schrieb
14. Bewohner von Rom
15. Paulus wurde zum Tode …
16. Name der Person, die mit Paulus zum Apostelkonzil nach Jerusalem reiste
17. Name eines Sklaven, den Paulus im Gefängnis traf
18. Paulus besaß das römische … Es brachte ihm viele Vorteile.
19. Name eines Mannes, an den Paulus schrieb, um ihn zu bewegen, seinem Sklaven zu verzeihen
20. Ort, von dem Paulus seine letzte Missionsreise antrat
21. Name des Gebietes, in dem Derbe lag
22. Geburtsort des Paulus
23. Paulus gründete zahlreiche …
24. Enger Mitarbeiter des Paulus, an den er einen Brief schrieb

Die Reisen des Apostels Paulus – Städte im Silbenmix

Finde aus dem Silbenmix 15 Städte heraus, die Paulus bereist hat! Schreibe sie nach dem Abc geordnet auf. Die einzelnen Striche verraten dir die Anzahl der Silben.

Je	Ko	ti	Der	Tar	E	A	ru
be	sus	An	Rom	Tro	ge	o	
rinth	Si	then	Thes	Cae	chi		
Ne	Phi	don	sa	a	sa	sa	
re	sus	lo	a	as	a	lip	po
nich	lis	pi	Per	phe	lem		

1. ____ ____ ____ ____ ____
2. ____ ____
3. ____ ____ ____ ____
4. ____ ____
5. ____ ____ ____
6. ____ ____ ____ ____
7. ____ ____
8. ____ ____ ____ ____
9. ____ ____
10. ____ ____ ____
11. ____
12. ____ ____
13. ____ ____
14. ____ ____ ____ ____
15. ____ ____

Adressaten der Briefe des Apostels Paulus im Morsealphabet

An welche Menschengruppen bzw. Einzelpersonen hat Paulus Briefe geschrieben? Löse das Rätsel mit Hilfe des Morsealphabets.

1. · ·––· ···· · ··· · ·–· ____________________

2. ––· ·– ·–·· ·– – · ·–· ____________________

3. ···· · –··· ·–· ·– · · ·–· ____________________

4. –·– ––– ·–·· ––– ··· ··· · ·–· ____________________

5. –·– ––– ·–· ·· –· – ···· · ·–· ____________________

6. ·––· ···· ·· ·–·· · –– ––– –· ____________________

7. ·––· ···· ·· ·–·· ·· ·––· ·––· · ·–· ____________________

8. ·–· ––– · –– · ·–· ____________________

9. – ·· –– ––– – ···· · ··– ··· ____________________

10. – ·· – ··– ··· ____________________

A ·–	B –···	C –·–·	D –··	E ·	F ··–·	G ––·
H ····	I ··	J ·–––	K –·–	L ·–··	M ––	N –·
O –––	P ·––·	Q ––·–	R ·–·	S ···	T –	U ··–
V ···–	W ·––	X –··–	Y –·––	Z ––··		

Petrus in römischer Geheimschrift

Versuche die Geheimschrift mit Hilfe des angegebenen Schlüssels zu lösen.

Ursprünglicher Name: XIX-IX-XIII-XV-XIV II-I-XVIII-X-XV-XIV-I ______________________

Geburtsort: II-V-XX-XIX-I-IX-IV-I ______________________

Ursprünglicher Wohnort: XI-I-VI-I-XVIII-XIV-I-XXI-XIII ______________________

Ursprünglicher Beruf: VI-IX-XIX-III-VIII-V-XVIII ______________________

Beinamen: XI-V-XVI-VIII-I-XIX ______________________

Zeuge der:

- V-XVIII-XXIII-V-III-XI-XXI-XIV-VII IV-V-XVIII XX-XV-III-VIII-XX-V-XVIII IV-V-XIX X-I-IX-XVIII-XXI-XIX
- XXII-V-XVIII-XI-XII-I-V-XVIII-XXI-XIV-VII X-V-XIX-XXI
- XX-XV-IV-V-XIX-I-XIV-VII-XIX-XX X-V-XIX-XXI
- I-XXI-VI-V-XVIII-XIX-XX-V-VIII-XXI-XIV-VII X-V-XIX-XXI

____

____

Jesu Worte über Petrus: IV-XXI II-IX-XIX-XX XVI-V-XX-XVIII-XXI-XIX XXI-XIV-IV I-XXI-VI IV-IX-V-XIX-V-XIII VI-V-XII-XIX-V-XIV XXIII-V-XVIII-IV-V IX-III-VIII XIII-V-IX-XIV-V XI-IX-XVIII-III-VIII-V II-I-XXI-V-XIV

____

____

Tat vor der Kreuzigung: IV-XVIII-V-IX-XIII-I-XII-IX-VII-V XXII-V-XVIII-XII-V-XXI-VII-XIV-XXI-XIV-VII X-V-XIX-XXI

____

Nach der Auferstehung Jesu:

- XII-V-IX-XX-V-XVIII IV-V-XVIII XXI-XVIII-VII-V-XIII-V-IX-XIV-IV-V
- XIII-IX-XIX-XIX-IX-XV-XIV-I-XVIII
- XXII-XV-XII-XII-II-XVIII-IX-XIV-VII-V-XVIII XXII-XV-XIV XIII-I-III-VIII-XX-XX-I-XX-V-XIV

____

____

I	A	X	J	XIX	S
II	B	XI	K	XX	T
III	C	XII	L	XXI	U
IV	D	XIII	M	XXII	V
V	E	XIV	N	XXIII	W
VI	F	XV	O	XXIV	X
VII	G	XVI	P	XXV	Y
VIII	H	XVII	Q	XXVI	Z
IX	I	XVIII	R		

Geheimschrift:
Das Abc des Neuen Testaments

Versuche die Geheimschrift mit Hilfe des angegebenen Schlüssels zu lösen.

A: WQBANOPADQJC ______________________

B: XAPHADAI ______________________

C: YDNEOPQO ______________________

D: ZNWYDIA ______________________

E: ARWJCAHEQI ______________________

F: BNEAZA ______________________

G: CANAYDPECGAEP ______________________

H: DAEHQJC ______________________

I: EONWAH ______________________

J: FAOQO ______________________

K: GNAQV ______________________

L: HEAXA ______________________

M: IWNEW ______________________

N: JWVWNAP ______________________

O: KAHXANC ______________________

P: LDWNEOWAAN ______________________

Q: MQENEJEQO ______________________

R: NAEYD CKPPAO ______________________

S: OKDJ CKPPAO ______________________

T: PWQBA ______________________

U: QIGADN ______________________

V: RANOKADJQJC ______________________

W: SQJZAN ______________________

X: CEXP'O JET ______________________

Y: UOKL ______________________

Z: VKAHHJAN ______________________

W	X	Y	Z	A	B	C	D	E	F	G	H	I	J	K	L	M	N	O	P	Q	R	S	T	U	V
A	B	C	D	E	F	G	H	I	J	K	L	M	N	O	P	Q	R	S	T	U	V	W	X	Y	Z

Schlangenrätsel zum Neuen Testament

Löse das Rätsel mit Hilfe der Aufgabenstellung. Die Wörter beginnen mit einer Zahl und enden mit der nächsten Zahl, so dass jeweils der Endbuchstabe gleichzeitig der Anfangsbuchstabe des nächsten Wortes ist.

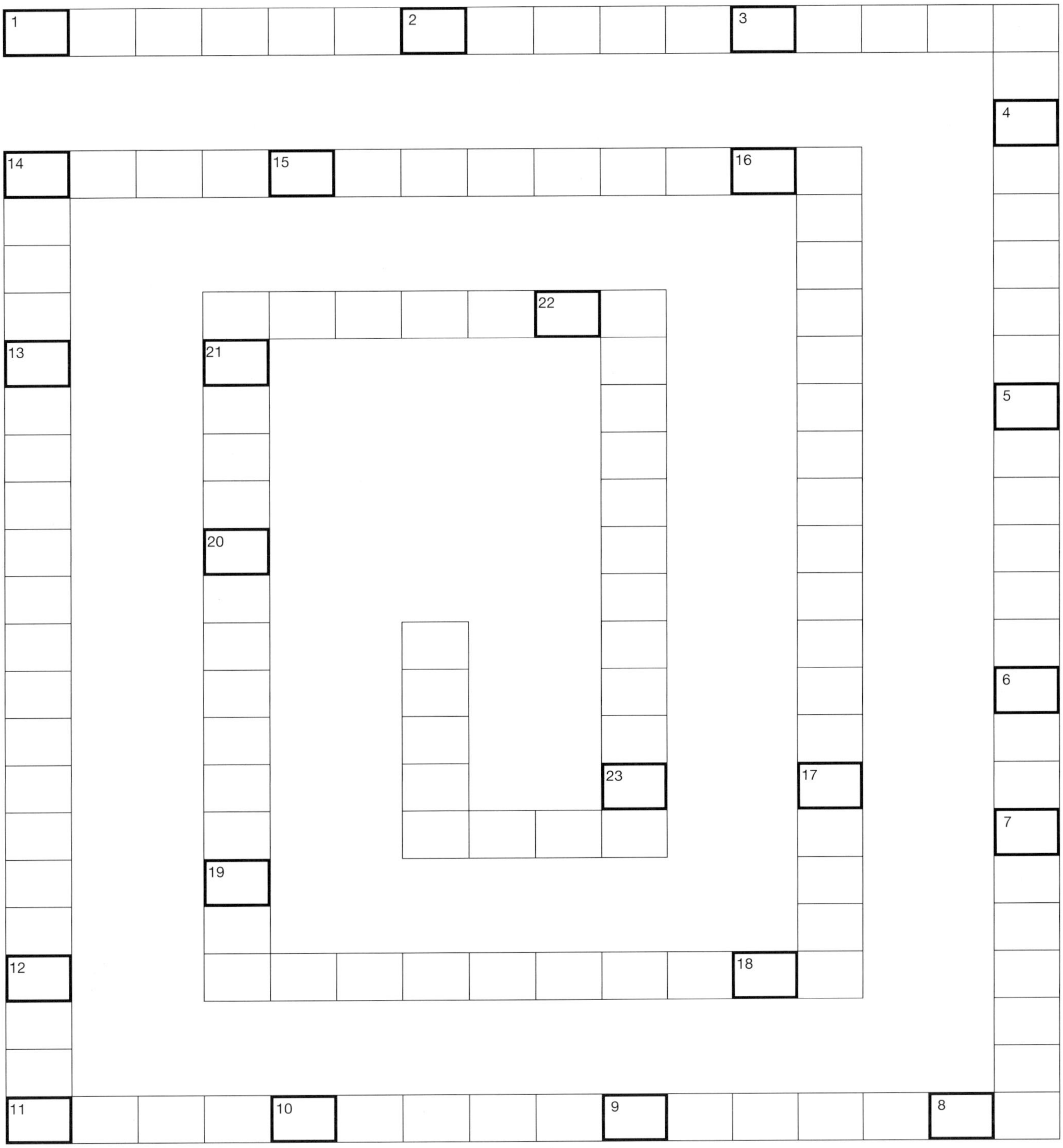

1. Ort, in dem Jesus aufwuchs
2. Gebetshaus der Juden (nur in Jerusalem)
3. Name eines Mannes, den Jesus vom Tod erweckte
4. Gebiet in der Mitte von Kanaan
5. Gruppe der engsten Freunde Jesu
6. Name eines Zöllners
7. Beiname des Judas
8. Name eines Mannes, der an Jesus zweifelte
9. jüdischer Name von Paulus
10. einer der ersten Jünger
11. Name einer Stadt, in der Jesus einen jungen Mann vom Tod erweckte
12. Die Bibel ist in zwei große Teile aufgeteilt. Nenne einen Teil.
13. Josef erschien ein Engel im …
14. Mutter Jesu
15. römischer Kaiser zur Zeit der Geburt Jesu
16. Jesus heilte die … des Petrus.
17. Die … hatten Palästina zur Zeit Jesu besetzt.
18. Jesus predigte vom …
19. Gebetshaus der Juden
20. Flüssigkeit, die Jesus am Kreuz von den Soldaten erhielt
21. Bezeichnung des Ortes, an dem Jesus gekreuzigt wurde
22. Ostern feiern wir das Fest der …
23. Name des Gartens, in dem Jesus vor seiner Kreuzigung betete

2. Kapitel

RÄTSEL ZUM ALTEN TESTAMENT

Bedeutende Männer aus dem AT im Buchstabenlabyrinth

Finde mindestens 15 Namen von 20 Männern aus dem AT, die in diesem Buchstabendurcheinander senkrecht, waagrecht oder diagonal versteckt sind. Kreise sie ein.

Q	W	W	E	R	T	Z	U	I	O	P	Ü	A	S	D	F
E	J	O	N	A	X	C	V	B	N	M	Ö	K	J	G	F
G	H	J	S	A	D	Q	E	I	J	O	B	E	R	T	Z
E	R	T	Z	U	I	O	P	Ü	C	V	B	A	Q	B	M
M	B	A	D	A	M	Y	X	C	V	B	N	M	A	E	G
C	V	B	N	M	L	J	H	F	D	A	Q	O	R	N	U
G	H	E	M	R	W	U	C	K	Y	X	C	S	T	J	U
U	D	F	O	U	W	B	R	K	S	Z	Q	V	H	A	R
T	J	O	S	E	F	E	H	D	A	M	N	B	V	M	C
X	C	V	E	N	H	R	E	W	U	I	Q	A	R	I	Z
T	Z	W	E	S	A	Q	E	R	L	U	N	S	G	N	H
M	F	A	A	R	O	N	S	E	A	C	V	N	Q	R	N
M	B	B	V	C	Y	S	D	F	G	H	E	T	W	G	H
E	C	E	B	N	M	Y	X	A	B	R	A	H	A	M	R
E	R	L	W	F	E	L	I	J	A	Z	H	J	K	L	F
S	R	T	Z	X	V	B	N	H	G	D	S	A	D	A	T
A	A	R	Q	Z	T	K	N	J	I	K	J	L	A	M	A
R	T	M	I	N	T	N	O	A	C	H	E	R	V	B	N
H	E	R	U	T	E	H	A	K	B	E	S	R	I	C	H
K	D	S	D	E	C	F	D	O	S	E	A	W	D	R	B
E	R	W	S	C	L	V	N	B	E	R	J	W	F	R	L
Q	W	B	N	M	C	X	Y	D	F	J	A	W	E	T	O
Z	R	I	S	A	A	K	R	F	G	F	G	H	J	F	T
N	M	E	W	G	H	J	R	H	J	N	F	S	D	F	M

Das Buch Genesis

Bearbeite das Rätsel.
Die dick umrandeten
Felder bilden von oben
nach unten gelesen
die Lösung.

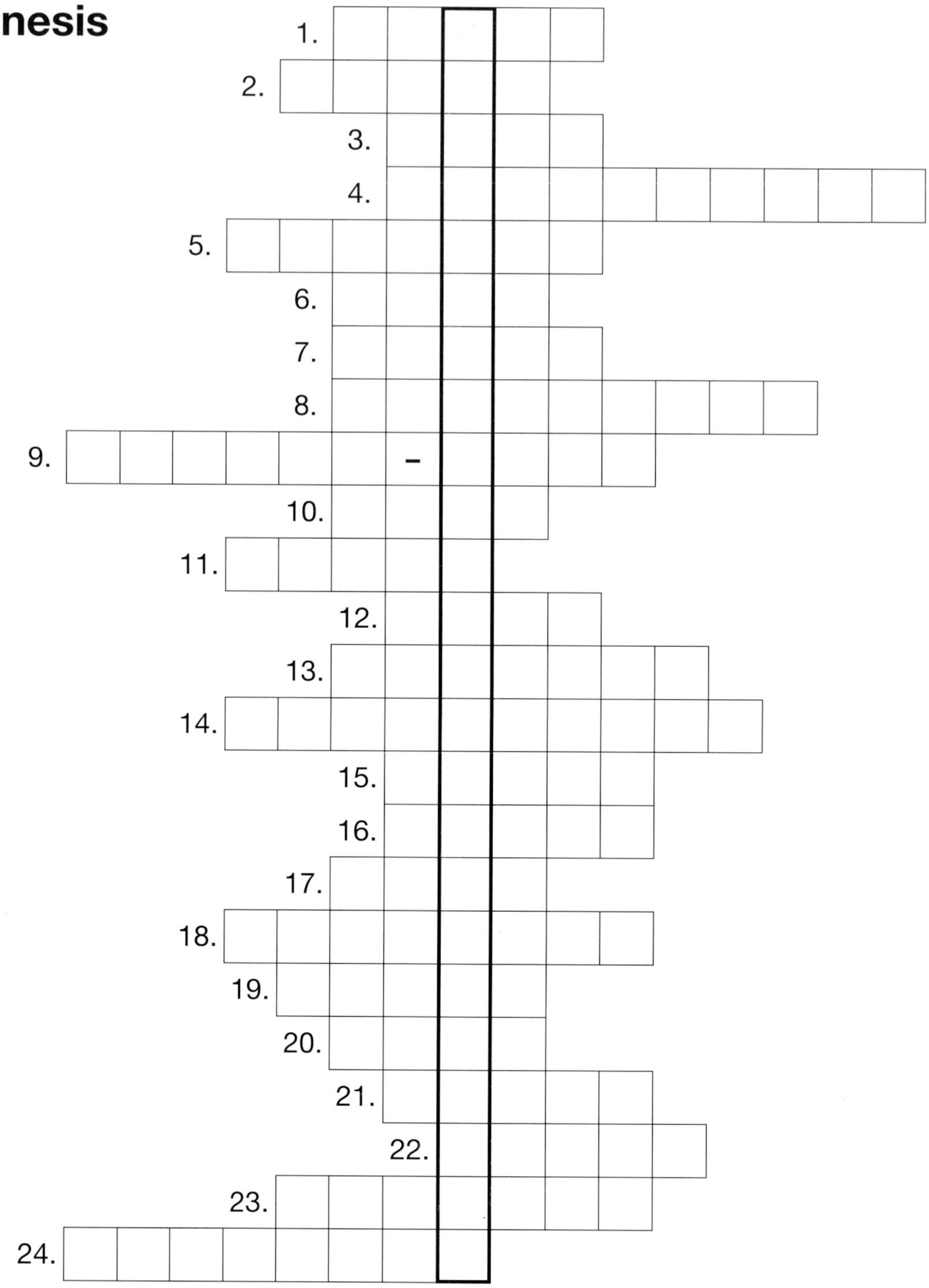

Lösung: ____

1. Saras ägyptische Magd
2. Name des Ortes, in dem die Menschen einen hohen Turm bauten
3. ältester Sohn Isaaks
4. Gott schuf den ersten Menschen aus …
5. Mann, der in Ur geboren wurde
6. erster Sohn Evas
7. Transportmittel, das Noach baute, um der Sintflut zu entkommen
8. Abels Beruf
9. Zeitraum, in dem Gott die Erde schuf
10. zweiter Sohn Adams
11. Isaak spendete Jakob den Erstgeburts …
12. Name des ersten Menschen
13. Wie viele Tage ließ Gott es zur Zeit Noachs regnen?
14. Kains Beruf
15. Gott schuf die erste Frau aus der … vom Mann.
16. Sohn Abrahams
17. Frau des Abraham
18. Tier, das Eva veranlasste, Böses zu tun
19. Sohn des Jakob
20. Die Arche Noach bestand aus Zypressen …
21. Gott schuf das … am ersten Tag.
22. Tier, das Noach aussandte
23. Frau des Isaak
24. Land, in dem Josef und Jakob lebten

Domino: Die Erzväter (1)

Schneide die Karten aus und stelle die richtige Reihenfolge her.

Lea	Rahels Beruf	Start	Geburtsort des Abraham
Kanaan	Abrahams Neffe	Hirtin	Anzahl der Söhne des Jakob
Rahel	Name der älteren Schwester von Rahel	Sara	Land, in das Abraham zog
Ur	Name der Frau von Abraham	Josef	Ereignis, das durch Josef verhindert wurde
Zwölf	Rahels Sohn	Hungersnot	Ende
Lot	Versprechen Gottes an Abraham	zahlreiche Nachkommen	Saras ägyptische Magd

Domino: Die Erzväter (2)

Esau und Jakob	Lieblingssohn der Rebekka	Widder	Isaaks Frau
Esau	Isaaks Tat kurz vor seinem Tod	Rebekka	Isaaks Söhne
Hagar	Stadt, die völlig zerstört wurde	Jakob	Person, die das Erstgeburtsrecht an den Bruder verkaufte
Ismael	Zeichen des Bundes zwischen Gott und den Israeliten	Sodom	Sohn von Sara und Abraham
Beschneidung	Tier, das Abraham opferte	Haran	Jakobs Frau
Segnung Jakobs	Stadt, in die Jakob vor Esau floh	Isaak	Hagars Sohn

Das Leben des Abraham

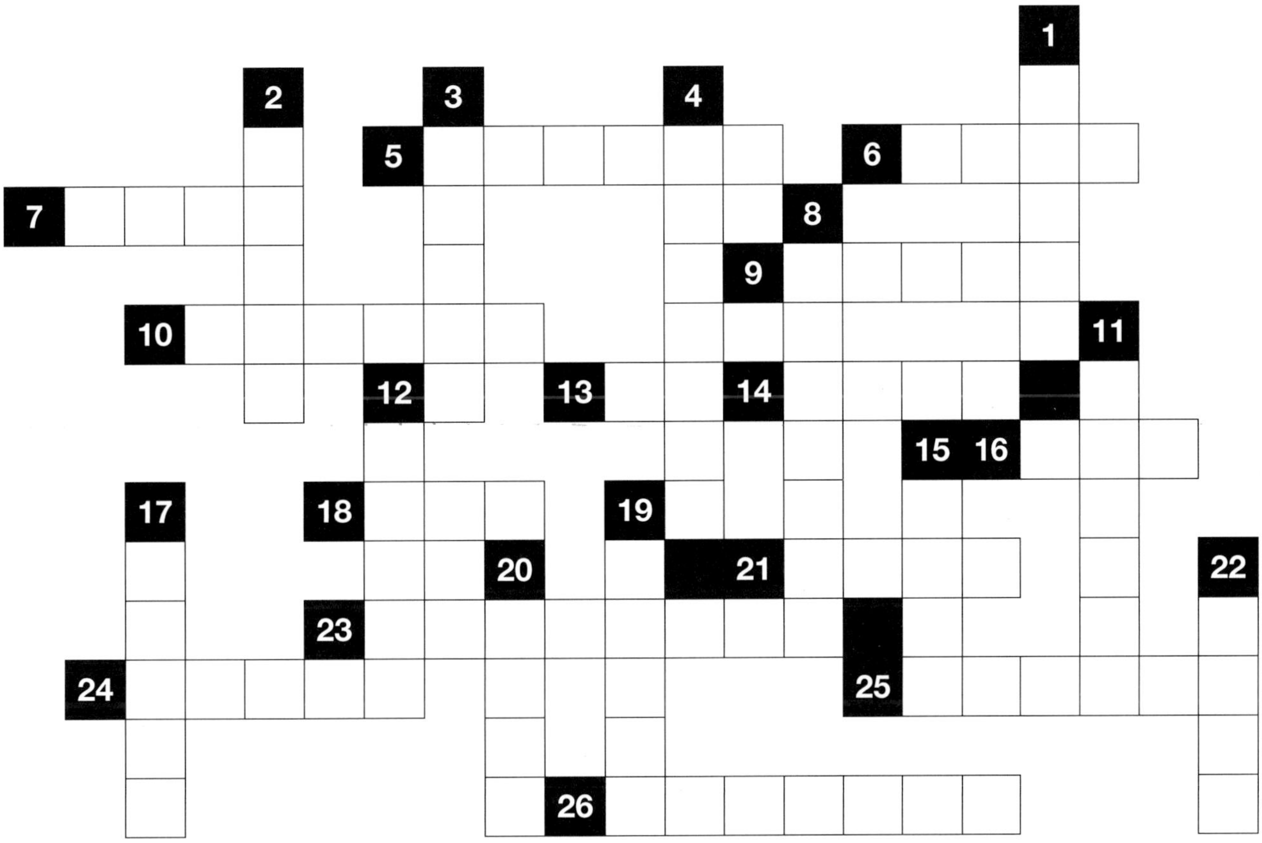

Waagrecht:

5 Hagars Sohn
6 Gott schloss einen … mit Abraham.
7 Abrahams Frau
9 Abraham war Lots …
10 Land, das Gott Abraham verhieß
13 Geburtsort Abrahams
14 Hagar war Saras …
16 Fluss in Ägypten
18 Abrahams Neffe
21 Tragetier bei den Nomaden
23 Land, in das Abraham aufgrund einer Hungersnot zog
24 Ismaels Mutter
25 Fluss in Babylonien mit dem Anfangsbuchstaben T
26 Isaaks Frau

Senkrecht:

1 Bote Gottes
2 Stadt, in der Abraham lebte
3 Abrahams Sohn
4 Fluss in Babylonien mit dem Anfangsbuchstaben E
8 Nichtsesshaftes Volk
11 Tier, das statt Isaak geopfert wurde
12 Tisch, auf dem Opfer dargebracht wurden
15 Unterkunft der Nomaden
17 Tierart in der Herde Abrahms (im Singular)
19 Isaak sollte Gott als … dargebracht werden.
20 Andere Bezeichnung für Jahwe
22 Isaaks Sohn

Die Stämme Israels nach Gen 49,1–27 im Morsealphabet

Welche Stämme wurden mit Hilfe des Morsealphabets aufgeschrieben?

1. •–• ••– –••• • –• ______________________
2. ••• •• –– • ––– –• ______________________
3. •–•• • •••– •• ______________________
4. •––– ••– –•• •– ______________________
5. ••• • –••• ••– •–•• ––– –• ______________________
6. •• ••• ••• •– –•–• •••• •– •–• ______________________
7. –•• •– –• ______________________
8. ––• •– –•• ______________________
9. •– ••• –•–• •••• • •–• ______________________
10. –• •– ••–• – •– •–•• •• ______________________
11. •––– ––– ••• • ••–• ______________________
12. –••• • –• •––– •– –– •• –• ______________________

A •–	B –•••	C –•–•	D –••	E •	F ••–•	G ––•
H ••••	I ••	J •–––	K –•–	L •–••	M ––	N –•
O –––	P •––•	Q ––•–	R •–•	S •••	T –	U ••–
V •••–	W •––	X –••–	Y –•––	Z ––••		

Textpuzzle: Das Leben des Mose

Schneide die Sätze aus, stelle die richtige Reihenfolge her und klebe sie auf.

Mein Volk brach den Bund mit Gott, indem es ein goldenes Kalb baute und dieses anbetete.

Die Tochter des ägyptischen Pharaos fand mich und so wuchs ich am Hof des Pharaos auf.

Gott erschien mir im brennenden Dornbusch und gab mir den Auftrag, das Volk aus Ägypten zu führen.

Die Ägypter verfolgten uns, kamen aber im Schilfmeer um.

Als mein Volk, die Israeliten, in Ägypten als Sklaven lebten, wurde ich dort geboren.

Als der Pharao uns nach den Plagen endlich freigab, führte Gott mein Volk zum Schilfmeer.

Nach der Erneuerung des Bundes zogen wir noch lange durch die Wüste, bis wir nach Kanaan kamen und mein Volk sich dort niederließ.

Ich wurde von meiner Mutter ausgesetzt, da der Pharao den Befehl erlassen hatte, alle neugeborenen israelitischen Knaben zu töten.

Der Pharao wollte uns nicht ziehen lassen. Daher sendete der Herr Plagen über das ägyptische Volk.

Vom Schilfmeer aus zogen wir durch die Wüste. Am Berg Sinai schloss Gott einen Bund mit meinem Volk und gab uns die 10 Gebote.

Domino: Exodus (1)

Schneide die Karten aus und stelle die richtige Reihenfolge her.

Josua	Land, in das die Israeliten zogen	Start	Bruder des Mose
Ägypten	Gegenstand, auf dem die 10 Gebote standen	Kanaan	Ort, an dem Mose als Kind lebte
Schilfmeer	König von Ägypten	Pharao	Gott, den die Israeliten aus Gold gossen
Aaron	Land, in das Mose vor dem Pharao floh	Jahwe (Ich bin da)	Name des Meeres, durch das die Israeliten flohen
Hof des Pharao	Ende	Midian	Bezeichnung Gottes
40 Jahre	Land, in dem die Israeliten als Sklaven lebten	2 steinerne Tafeln	Nachfolger des Mose

Domino: Exodus (2)

Wolkensäule	Arbeit, die die Israeliten in Ägypten verrrichten mussten	Zippora	Stelle, an dem Mose als Baby gefunden wurde
Mirjam	Fleisch, das die Israeliten abends in der Wüste aßen	Manna	Dauer der Wüstenwanderung
Nilufer	Gott begleitete die Israeliten am Tag in einer …	Tochter des Pharao	Berg, auf dem Mose starb
Das goldene Kalb	Schwester des Mose	Wachteln	Etwas, das brannte, aber nicht verbrannte
Sinai	Frau des Mose	Nebo	Name des Berges, auf dem Mose die 10 Gebote empfing
Frondienst	Brot, das die Israeliten am Morgen in der Wüste aßen	Dornbusch	Person, die Mose als Baby fand

Das Buch Rut

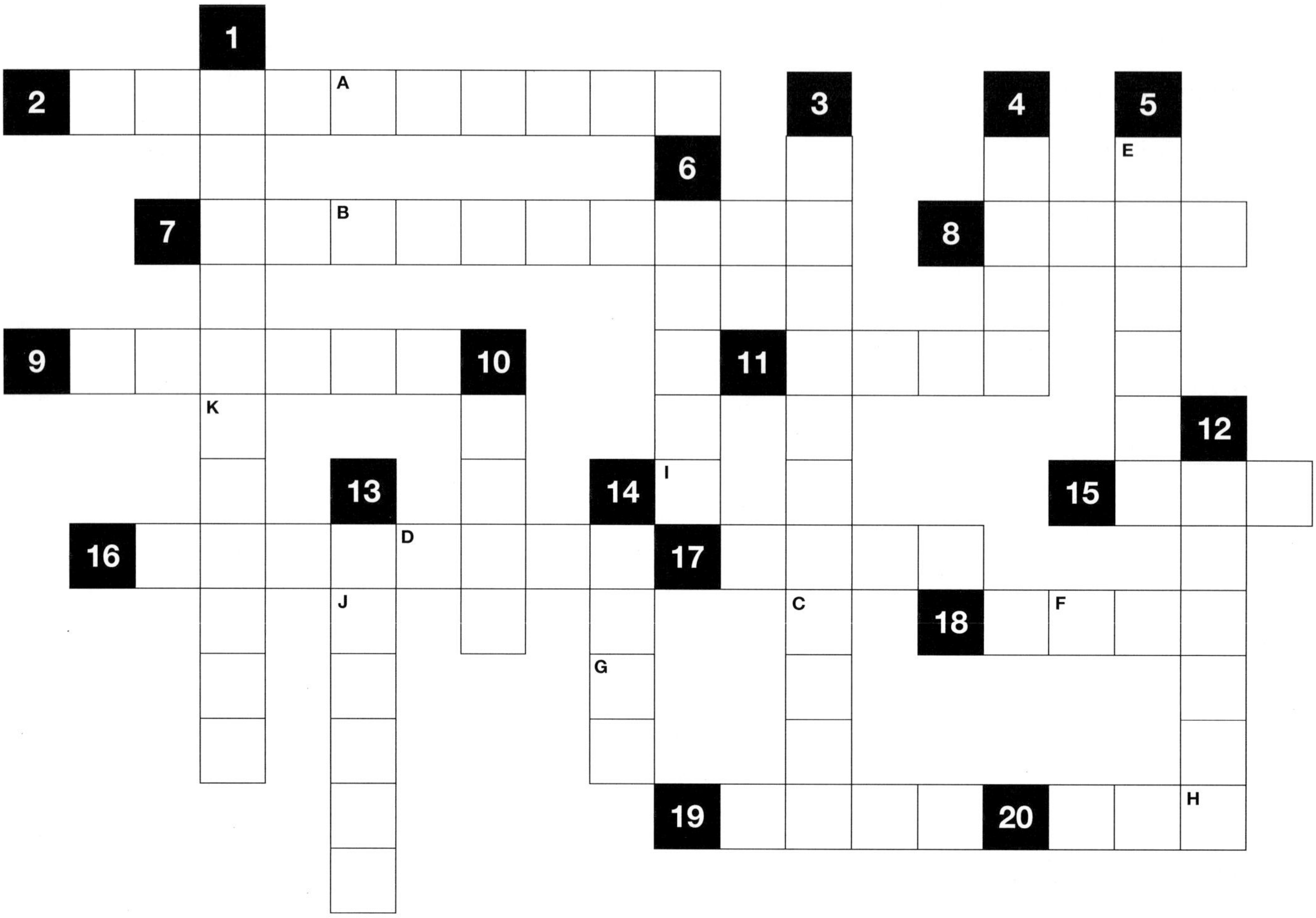

Lösung: ___ ___ ___ ___ ___ ___ ___ ___ ___ ___ ___

A B C D E F G H I J K

Waagrecht:

2 allgemeiner Begriff für eine Frau aus dem Volk der Moabiter
7 Grund der Auswanderung von Elimelech
8 Ruts Sohn
9 Bezeichnung der Menschen, die nicht in ihrer Heimat leben
11 Maßeinheit in Rut 3,17
15 Hohlmaß in Rut 2,17
16 Noomis Heimatort
17 Noomis Heimatland
18 Noomis war Elimelechs …
19 Name einer moabitischen Frau
20 Hauptperson in diesem Buch

Senkrecht:

1 Arbeit, die Rut bei Boas verrichtete
3 Weiblich für: Stammvater
4 Name des Mannes, den Rut in Juda heiratete
5 Getreidesorte, die von den Feldern aufgelesen wurde
6 Ruts Schwiegermutter
10 Verwandtschaftsbeziehung zwischen Machlon und Noomi
12 Verlassen eines Landes aus zwingenden Gründen
13 Bezeichnung von Boas in der Verhandlung, in der er Ruts Interessen vertrat
14 Land, in das Elimelech und seine Familie gingen

Prophetinnen und Propheten (1)

Entschlüssele die Geheimschrift und du erhältst Namen von Prophetinnen und Propheten aus dem Alten Testament.

I-II0I-IIII-I00II ____________________

I0-I-I00I0-I0I0I-II-I000 ____________________

I00-I-III0-I00I-I0I-II00 ____________________

I00-I0I-I0-IIII-I00I0-I ____________________

I0I-II00-I00I-I0I0-I ____________________

I0I-II00-I00I-I00II-II-I000-I ____________________

I0I-II0I0-I0I-II-I000-I00I-I0I-II00 ____________________

I000-I-I0-I-I0II-I0I0I-I0II ____________________

I000-I-III-III-I-I00I ____________________

I000-IIII-I00II-I0I-I ____________________

I0I0-I0I-I00I0-I0I-II0I-I00I-I ____________________

I0I0-I0I-I00II-I-I0I0-I ____________________

I0I0-IIII-I0I-II00 ____________________

I0I0-IIII-III0-I ____________________

II0I-I-II00-I0I-I-II-I000-I00I ____________________

II0I-I00I-II-I000-I ____________________

II0I-I00I-I00I0-I0I0-I-II0I ____________________

III0-I-I000-I0I0I-II0I ____________________

III0-IIII-I-I00-I0I0-I ____________________

IIII-I0-I-I00-I0I0-I ____________________

I00II-I-II-I000-I-I00I0-I0I0-I ____________________

II0I0-I0I-II0-I-III0-I0I0-I ____________________

I	A	I0I0	J	I00II	S
I0	B	I0II	K	I0I00	T
II	C	II00	L	I0I0I	U
I00	D	II0I	M	I0II0	V
I0I	E	III0	N	I0III	W
II0	F	IIII	O	II000	X
III	G	I0000	P	II00I	Y
I000	H	I000I	Q	II0I0	Z
I00I	I	I00I0	R		

Prophetinnen und Propheten (2)

Entschlüssele die Geheimschrift und du erhältst Funktionen, die die Propheten wahrnahmen.

I-III0-I0II-II00-I-I0I-III-I0I-I00I0 ____________________

I0-IIII-I0I00-I0I--III-IIII-I0I00--I0I00-I0I-I00II ____________________

I0I-I00I0-I0III-I0I-II-I0II-I0I-I00I0--
I00-I0I-I00II--III-II00-I-I0I0I-I0-I0I-III0-I00II ____________________

I0I-II0I-I0000-II0-I-I0I-III0-III-I0I-I00I0-- ____________________
III-IIII-I0I-I0I00-I0I00-II00-I00I-II-I000-I0I-I00I0--
I-I0I0I-II0-I0I00-I00I0-I-I0I-III-I0I ____________________

II0-I0I0I-I0I-I000-I00I0-I0I-I00I0 ____________________

III-IIII-I0I00-I0I00-I0I-I00II-II0I-I-III0-III0 ____________________

I0II-I00I0-I00I-I0I00-I00I-I0II-I0I-I00I0 ____________________

II00-I0I-III0-I0II-I0I-I00I0 ____________________

II0I-I-I000-III0-I0I-I00I0 ____________________

I00I0-I-I0I00-III-I0I-I0-I0I-I0I0 ____________________

I00I0-I00I-II-I000-I0I00-I0I-I00I0 ____________________

I00II-I0I-I000-I0I-I00I0 ____________________

I00II-I0000-I00I0-I-II-I000-I00I0-IIII-I000-I00I0--
III-IIII-I0I00-I0I00-I0I-I00II ____________________

I0II0-I0I-I00I0-I0II-I0I0I-I0I-III0-I00-I0I-I00I0-- ____________________
III-IIII-I0I-I0I00-I0I00-II00-I00I-II-I000-I0I-III0--
I0III-I00I-II00-II00-I0I-III0-I00II ____________________

I0II0-IIII-I00I0-II00-I-I0I-I0I0I-II0-I0I-I00I0--
I00-I0I-I00II--II0I-I0I-I00II-I00II-I00I-I-I00II ____________________

I0III-I-I0I-II-I000-I0I00-I0I-I00I0 ____________________

I	A	I0I0	J	I00II	S
I0	B	I0II	K	I0I00	T
II	C	II00	L	I0I0I	U
I00	D	II0I	M	I0II0	V
I0I	E	III0	N	I0III	W
II0	F	IIII	O	II000	X
III	G	I0000	P	II00I	Y
I000	H	I000I	Q	II0I0	Z
I00I	I	I00I0	R		

Debora

Entschlüsssele die Geheimschrift!

11-12-2-120-200-1

1-112-20-210-12-22-200-12-200-100-112

11-100-10-22-202-12-200-100-112

21-120-202-202-12-201-20-200-1-210

102-200-100-202-100-102-12-200-100-112

110-12-112-102-12-200-100-112

111-210-202-202-12-200---100-201-200-1-12-110-201

200-1-202-21-12-2-12-200-100-112

200-100-10-22-202-12-200-100-112

121-200-120-121-22-12-202-100-112

211-120-200-102-1-12-111-121-20-12-200-100-112

20-200-12-210-112-11-110-100-10-22

21-12-200-12-10-22-202

102-110-210-21

111-1-12-10-22-202-100-21

111-210-202-100-21

200-12-11-12-21-12-212-1-112-11-202

201-12-110-2-201-202-2-12-212-210-201-201-202

201-202-120-110-222

211-12-200-1-112-202-212-120-200-202-210-112-21-201-2-12-212-210-201-201-202

212-12-100-201-12

1	A	101	J	201	S
2	B	102	K	202	T
10	C	110	L	210	U
11	D	111	M	211	V
12	E	112	N	212	W
20	F	120	O	220	X
21	G	121	P	221	Y
22	H	122	Q	222	Z
100	I	200	R		

David, ein großer König

Beantworte die Fragen, indem du die Buchstaben in den Kronen in die richtige Reihenfolge bringst.

1. In welchem Ort wurde David geboren?

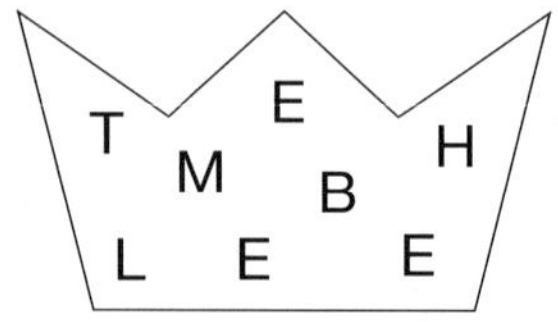

____

2. Welchen ursprünglichen Beruf hatte David?

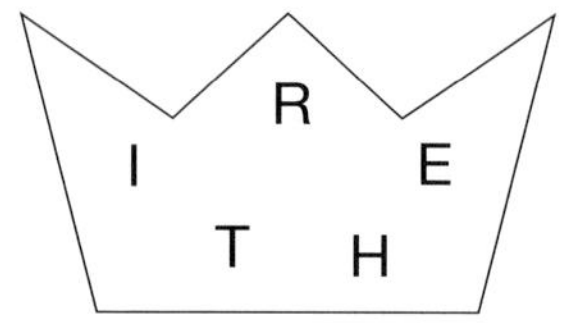

____

3. Welches Instrument spielte David am Königshof Sauls?

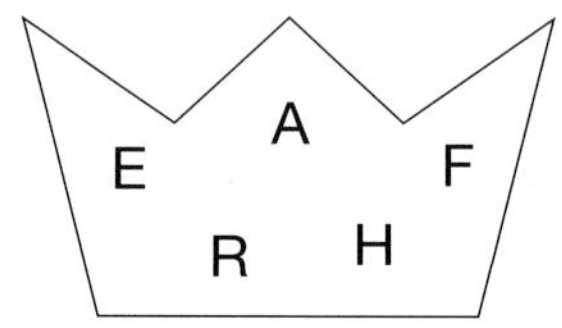

____

4. Wie hieß Davids Freund?

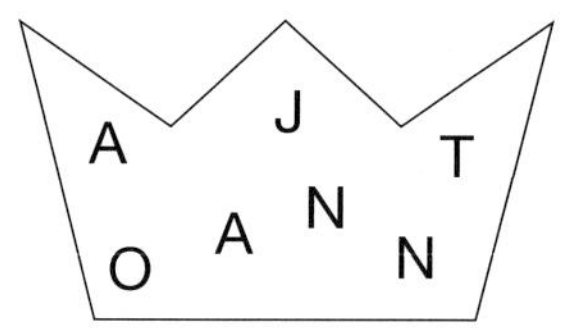

____

5. Welches Volk bekämpfte David?

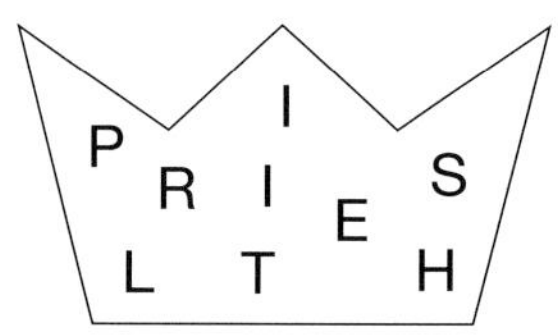

____

6. Wie hieß der Riese bei den Philistern, den David besiegte?

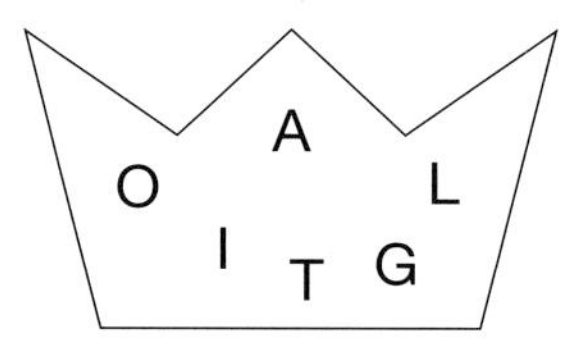

____

7. Wie lange regierte David?

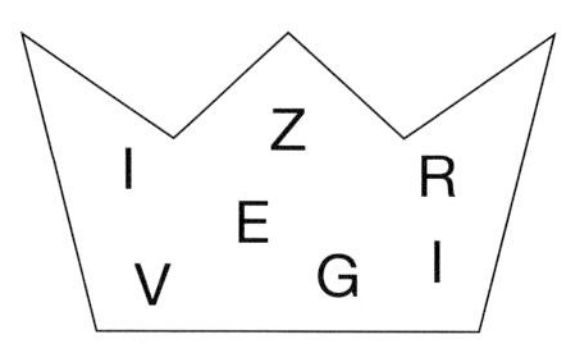

(Jahre) ______________________________

8. Wofür sorgte er im Land?

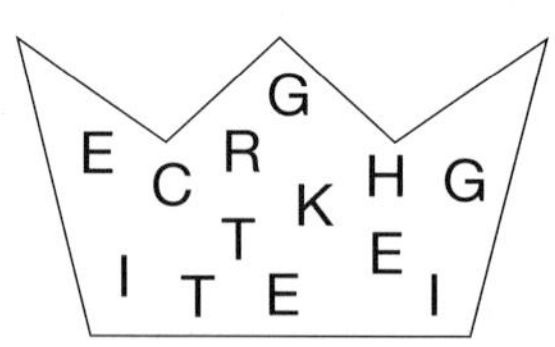

____

9. Wie hieß der Prophet, der David den Weg zu Jahwe zeigte?

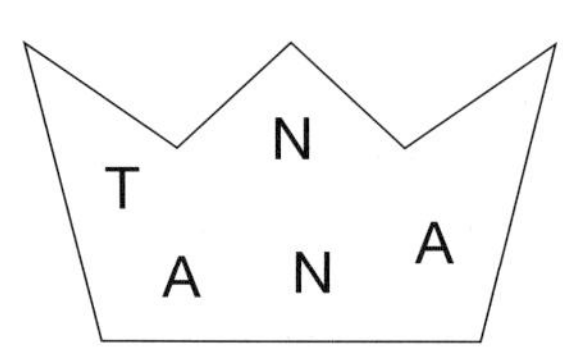

____

10. Welchen Namen hatte sein Nachfolger?

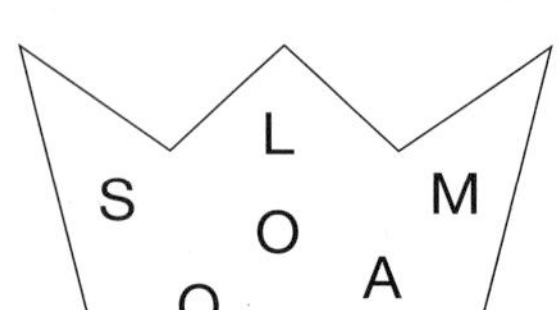

____

Die Königszeit

Bearbeite das Rätsel. Die dick umrandeten Felder ergeben von oben nach unten gelesen die Lösungswörter.

Lösung: Die ______________________________ in __________________________

1 Handlung, die Samuel im Namen des Herrn an Saul vollzog (1 Sam 10,1)
2 Land, in dem David König war, bevor er über ganz Israel herrschte (2 Sam 2,7)
3 Gegenstand, den David beim Kampf mit Goliat in seiner Tasche trug (1 Sam 17,49)
4 Waffe, mit der David Goliat besiegte (1 Sam 17,50)
5 Instrument, das David am Hofe König Sauls spielte (1 Sam 16,23)
6 Samuel war ein … (1 Sam 9,19)
7 Gebäude, das von Salomo erbaut wurde (1 Kön 9,1)
8 Samuels Heimatort (1 Sam 7,17)
9 Name eines berühmten Sohnes von Isai (1 Sam 16,19)
10 Tiere, die David hütete (1 Sam 17,15)
11 Davids Freund (1 Sam 18,1)
12 Geburtsort des David (1 Sam 17,12)
13 David war Sauls … (1 Sam 16,21)
14 Jonatans Vater (1 Sam 14,1)
15 Richter zur Zeit Davids (1 Sam 7,15)
16 Prophet zur Zeit Davids (2 Sam 12,25)
17 Person, die David im Kampf besiegte (1 Sam 17,4)
18 Name des Volkes, gegen das David kämpfte (2 Sam 5,17)
19 Nachfolger Davids (1 Kön 1,34)

Geheimschrift: Das Abc des Alten Testaments

Versuche die Geheimschrift mit Hilfe des angegebenen Schlüssels zu lösen.

A: 1CK5J K5JK1D5EK ______________________

B: 2LE45JC145 ______________________

C: 38IFE9B ______________________

D: 45B1CF7 ______________________

E: 545E ______________________

F: 6I59859K ______________________

G: 75J5KQ5JK165CE ______________________

H: 8F66ELE7 ______________________

I: 9J11B ______________________

J: A18N5 ______________________

K: B1E11E ______________________

L: C9M5K5E ______________________

M: D1EE1 ______________________

N: E9C ______________________

O: FG65I ______________________

P: G5EK1K5L38 ______________________

Q: HL1JK5E ______________________

R: I59E859K ______________________

S: J1DL5C ______________________

T: K5DG5C ______________________

U: LI75J38938K5 ______________________

V: M5I859RLE7 ______________________

W: NFIK 7FKK5J ______________________

X: 792K'J E9O ______________________

Y: PJFG ______________________

Z: Q5CK ______________________

1	2	3	4	5	6	7	8	9	A	B	C	D	E	F	G	H	I	J	K	L	M	N	O	P	Q	R
A	B	C	D	E	F	G	H	I	J	K	L	M	N	O	P	Q	R	S	T	U	V	W	X	Y	Z	ß

Schlangenrätsel zum Alten Testament

Löse das Rätsel mit Hilfe der Aufgabenstellung. Die Wörter beginnen mit einer Zahl und enden mit der nächsten Zahl, so dass jeweils der Endbuchstabe gleichzeitig der Anfangsbuchstabe des nächsten Wortes ist.

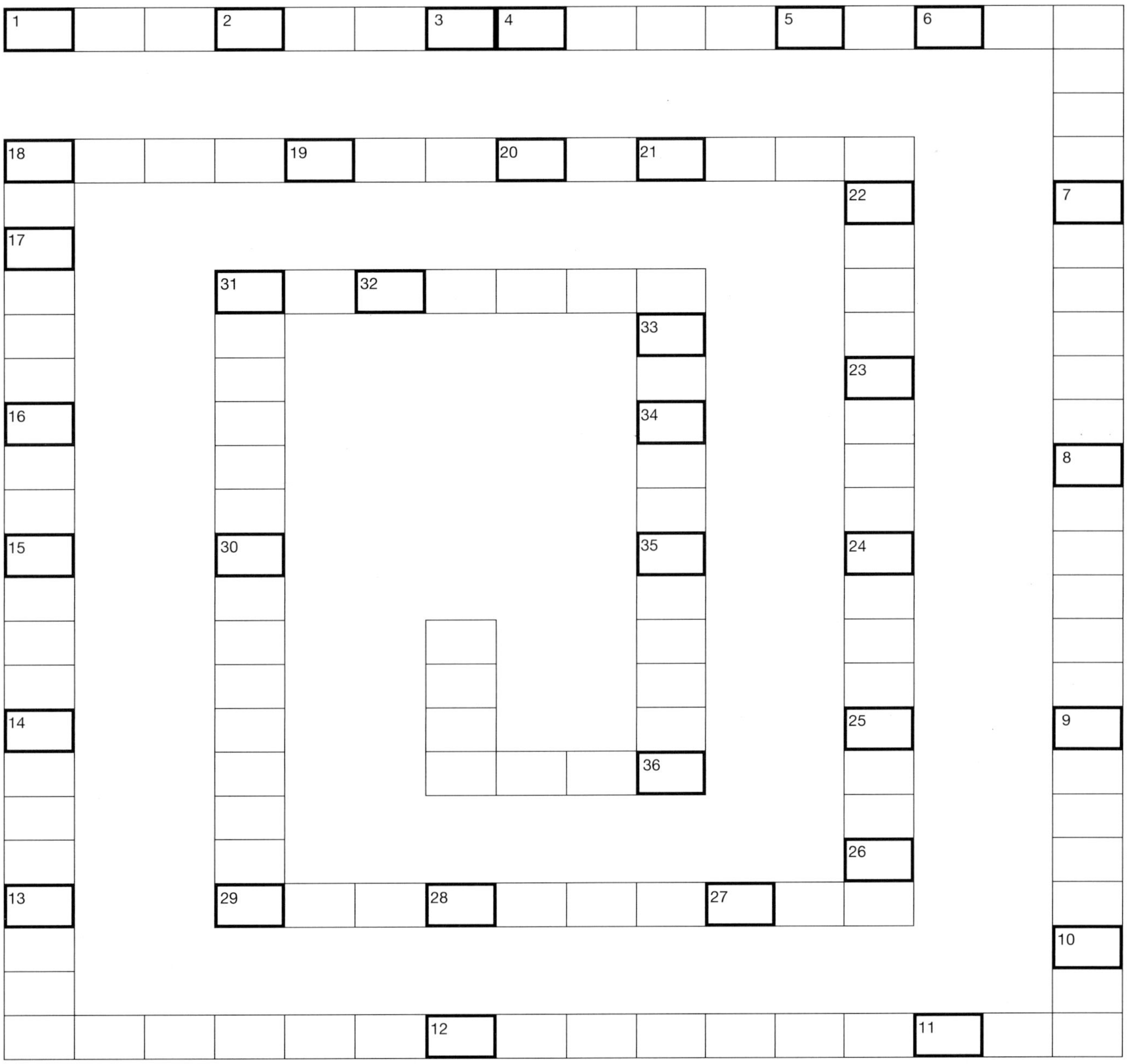

1. Name der Person, die die Israeliten aus Ägypten führte
2. Bruder des Jakob
3. Geburtsort Abrahams
4. Frau des Jakob
5. Neffe des Abraham
6. Verwandtschaftsbeziehung zwischen der Frau, die Mose am Nil fand, und dem Pharao
7. Frau des Isaak
8. Saras Mann
9. Schwester des Aaron
10. Brot, das die Israeliten während der Flucht in der Wüste aßen
11. Name des Landes, aus dem die Israeliten flohen
12. Gott verhieß Abraham zahlreiche …
13. Name der Person, die eine Arche baute
14. Saras ägyptische Magd
15. Geburtsort Samuels
16. Bruder des Mose
17. Fluss, an dem Mose gefunden wurde
18. Gott schuf es am ersten Tag
19. Gott benötigte für die Erschaffung der Welt sieben …
20. die erste Frau
21. Als Abraham seinen Sohn Isaak opfern wollte, hatte dieser schreckliche …
22. kleines Tier, das von armen Menschen als Sünd- und Brandopfer dargebracht wurde (Lev 5,7)
23. großer Prophet
24. Noach baute eine …
25. Gott vertrieb Adam und Eva aus dem Garten …
26. Berg, von dem aus Mose nach Kanaan blickte und auf dem er starb
27. Abraham sollte Isaak als … darbringen.
28. Kain empfand …, nachdem er seinen Bruder erschlagen hatte.
29. Sammelbegriff für die Personen Abraham, Isaak und Jakob
30. Name eines Buches aus der Geschichte des Volkes Gottes, dessen Name von Männern abgeleitet wurde, die vor allem in der Rechtsprechung tätig waren
31. Name eines Buches, das nach einer moabitischen Frau benannt wurde
32. großes Gebäude in Jerusalem, das zu Ehren Gottes gebaut wurde
33. ältere Schwester von Rahel
34. Name des ersten Menschen
35. Land, in das Mose floh
36. wandernde, nicht sesshafte Hirten

3. Kapitel

RÄTSEL KREUZ UND QUER DURCH DIE BIBEL

Das Buch der Bücher

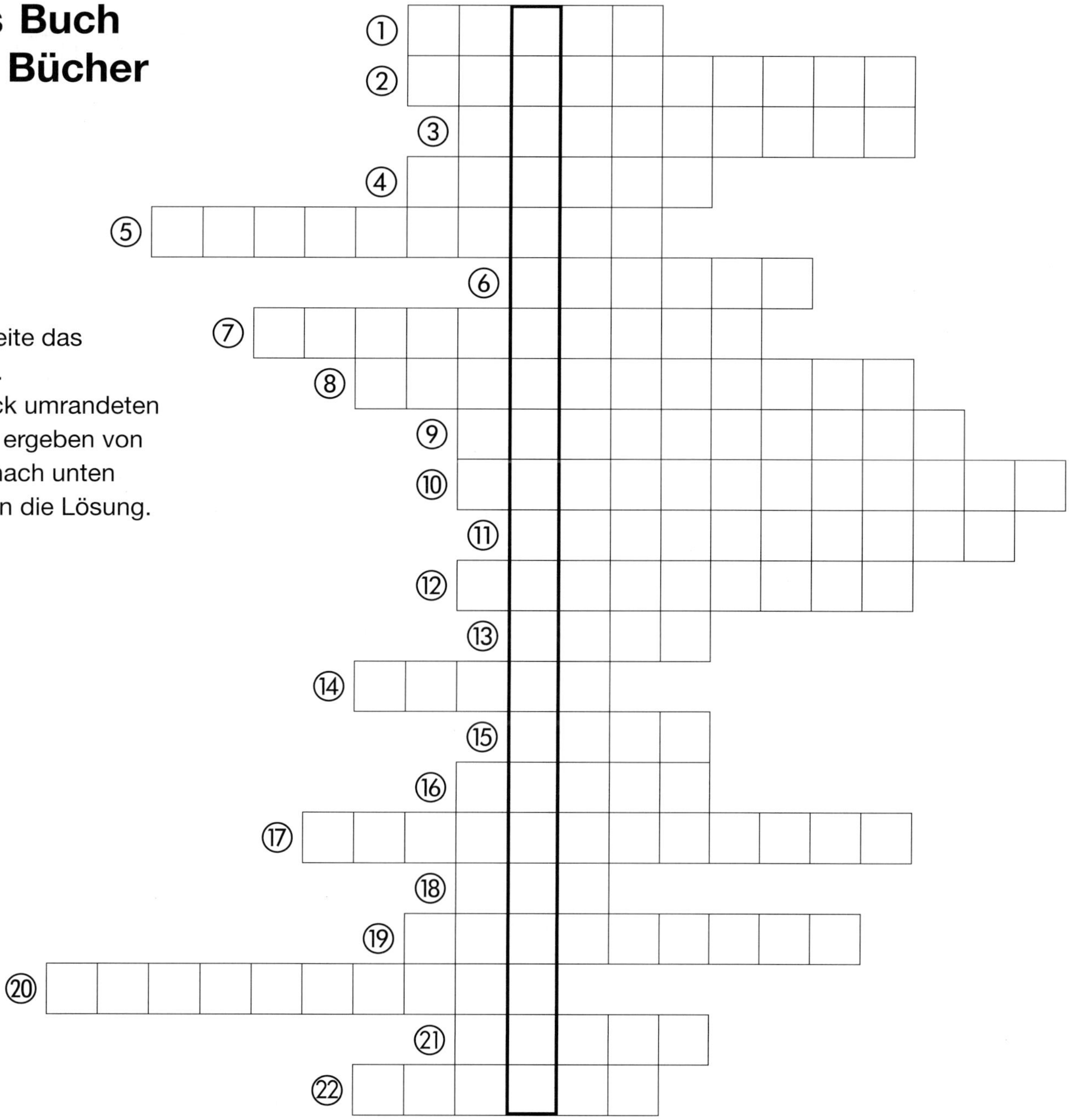

Bearbeite das Rätsel.
Die dick umrandeten Felder ergeben von oben nach unten gelesen die Lösung.

Lösung: ______________________________

1. … war ein aus Tierhaut hergestelltes Material, auf dem man schrieb.
2. Das Neue Testament wurde ursprünglich in … verfasst.
3. Die Bibel umfasst zwei große Teile, das Alte und das Neue …
4. Die 10 Regeln, die im Alten Testament stehen, heißen die 10 …
5. Die vier großen Schriften im Neuen Testament heißen …
6. … sind Schriften im Neuen Testament, die an Personen oder Gemeinden geschrieben wurden.
7. Die erste Stufe der Weitergabe der Worte Jesu ist die … Überlieferung.
8. Bildgeschichten, die Jesus den Menschen erzählte, um seine Botschaft zu verdeutlichen, heißen …
9. Im Alten Testament wird über das Volk der … berichtet.
10. Eine früher verbreitete Buchform, die die jüdische Thora noch heute hat, heißt …
11. Das Alte Testament wurde ursprünglich in … verfasst.
12. Das Schreibmaterial, das in der Stadt Pergamon zum ersten Mal gewonnen wurde, und das auf beiden Seiten beschrieben werden konnte, heißt …
13. Gott schloss einen … mit den Israeliten.
14. … ist ein hartes Material, auf dem man in alten Zeiten Schriftzeichen meiselte.
15. Der Begriff „Bibel“ stammt von dem griechischen Wort „biblos“ und bedeutet …
16. Die Bibel ist in ein … und ein Neues Testament aufgeteilt.
17. Die zweite Stufe der Weitergabe der Worte Jesu ist die … Überlieferung.
18. Zunächst weiches Material, auf dem man in alten Zeiten mit einem Griffel Schriftzeichen einritzte, heißt …
19. … ist der Name eines Evangelisten, der über die Geburt Jesu berichtete.
20. … ist die Muttersprache Jesu.
21. … ist die wichtigste Person im Neuen Testament.
22. … ist der Verfasser des ältesten Evangeliums.

Domino: Die Bibel (1)

Schneide die Karten aus und stelle die richtige Reihenfolge her.

AT und NT	Sprache des AT
Griechisch	Gebetssammlung aus dem AT
Genesis	Das Buch der Bücher
Paulus	Das älteste Evangelium
Titus	Schreibmaterial aus einer Pflanze, die am Nil wächst
Feuchtigkeit wird angezogen	5. Buch Mose
Aramäisch	2. Buch Mose
Paulus	Nachteil von Papyrus
Johannesevangelium	1. Buch Mose
Das Buch Amos	Adressat des 4. Paulinischen Briefes
Psalmen	Jüngstes Evangelium
Deuteronomium	Verfasser des letzten Briefes in der Bibel

Domino: Die Bibel (2)

Start	Die zwei großen Teile der Bibel	Ton	Eine Person mit 5 Buchstaben, an die Paulus schrieb
AT	Sprache des NT	Markusevangelium	Früher verbreitete Buchform
Papyrus	Person, die die meisten Briefe im NT schrieb	Bibel	Buch eines Propheten mit 4 Buchstaben
Hebräisch	Juden und Christen haben einen Teil der Bibel gemeinsam	Judas	Ende
Das Buch Jesaja	Verfasser des Briefes an die Römer	Schriftrolle	1. Buch der Propheten
Exodus	Material der Tafeln, auf denen man mit Griffeln schrieb	Galater	Muttersprache Jesu

Bedeutende Frauen der Bibel im Buchstabenlabyrinth

Finde mindestens 9 Namen von 12 Frauen, die in diesem Buchstabensalat senkrecht, waagrecht oder diagonal versteckt sind. Kreise sie ein.

Q	W	W	Q	W	E	R	T	Z	U	I	O	P	Ü	L	K
R	U	I	N	M	H	A	A	S	D	F	G	H	H	G	J
A	P	E	H	E	B	U	T	S	B	V	C	X	Y	A	S
Y	F	J	V	Z	E	K	R	A	H	E	L	M	F	F	D
W	P	L	L	A	A	E	Z	R	A	H	E	A	P	S	D
M	V	X	Y	T	T	L	K	A	T	H	U	R	J	D	D
S	I	O	E	W	L	U	S	C	H	W	T	I	M	I	N
O	P	D	G	J	K	D	I	O	Q	S	Z	A	I	Q	E
Y	B	H	A	G	A	R	G	D	H	P	U	V	R	F	L
R	R	D	F	R	E	R	T	Z	U	I	O	O	J	W	Z
A	X	C	Y	V	I	R	Q	W	R	T	Z	N	A	K	T
A	D	C	V	B	N	M	Z	M	Q	W	E	M	M	Y	T
S	D	M	N	B	V	C	X	A	S	D	F	A	M	N	K
Q	R	E	R	R	U	T	W	L	K	J	H	G	E	D	S
Q	M	B	R	M	E	E	A	E	R	W	T	D	L	S	T
R	A	R	E	R	T	B	H	U	I	O	P	A	I	S	D
Y	R	C	V	E	W	S	E	T	R	E	W	L	S	R	E
R	I	N	B	A	A	A	Z	K	U	I	E	A	A	N	B
T	A	U	I	O	E	Z	T	K	K	O	R	P	B	R	Z
H	T	G	B	R	O	Q	E	W	E	A	W	O	E	U	C
X	A	H	F	G	D	E	B	O	R	A	D	F	T	L	O
C	U	N	D	B	U	L	P	Q	W	E	R	H	Z	T	Z
U	I	M	N	K	S	K	K	E	R	R	H	J	T	R	E
P	O	Q	Q	A	H	Q	L	A	S	D	K	H	F	D	S

Bedeutende Männer der Bibel im Silbenmix

Setze die Silben zu 22 Männernamen zusammen. Ordne sie unter AT oder NT ein.

Je	A	Kain	A	ham	I	Ja	Mat
Jo	Mo	dam	Je	A	Jo	Tho	se
bra	sus	An	sa	Jo	bel	Pau	
mas	sa	ko	han	thä	dre	He	
ak	ro	das	bus	sef	Ja	Pe	
as	Ste	vid	pha	trus	kob	nes	
des	nus	lus	Da	us	na	ja	Ju

AT

1. ______________________
2. ______________________
3. ______________________
4. ______________________
5. ______________________
6. ______________________
7. ______________________
8. ______________________
9. ______________________
10. ______________________
11. ______________________

NT

1. ______________________
2. ______________________
3. ______________________
4. ______________________
5. ______________________
6. ______________________
7. ______________________
8. ______________________
9. ______________________
10. ______________________
11. ______________________

Wer bin ich?

Wer spricht hier?
Suche die folgenden Stellen in der Bibel und schreibe die Namen der sprechenden Personen auf.

1. Lk 6,21 => ____________________
2. Joh 20,25 => ____________________
3. 1 Sam 7,3 => ____________________
4. Gen 27,6 => ____________________
5. Ijob 16,6 => ____________________
6. Apg 13,16 => ____________________
7. Jes 37,6 => ____________________
8. Mk 14,71 => ____________________
9. Jona 4,2 => ____________________
10. Gen 21,7 => ____________________
11. Mt 27,11 => ____________________
12. Gen 4,8 => ____________________
13. Mt 2,8 => ____________________
14. Ex 35,2 => ____________________
15. Joh 20,2 => ____________________

Was bin ich?

Suche die folgenden Stellen in der Bibel und schreibe auf, welchen Beruf die entsprechenden Personen ausübten.

1.	Mk 6,3	Jesus	=>	____________________
2.	Gen 4,2	Abel	=>	____________________
3.	Ex 1,15	Schifra	=>	____________________
4.	Mt 4,18	Simon	=>	____________________
5.	Gen 4,2	Kain	=>	____________________
6.	Lk 1,5	Zacharias	=>	____________________
7.	Gen 16,1	Hagar	=>	____________________
8.	Mt 27,11	Pilatus	=>	____________________
9.	Joh 11,49	Kajaphas	=>	____________________
10.	Gen 29,9	Rahel	=>	____________________
11.	Mk 5,35	Jairus	=>	____________________
12.	Lk 5,27	Levi	=>	____________________
13.	1 Sam 7,15	Samuel	=>	____________________
14.	Apg 18,3	Paulus	=>	____________________
15.	Lk 2,2	Quirinius	=>	____________________

Der biblische Zoo

Versuche das Rätsel mit Hilfe der fünf Bücher Mose zu lösen!
Schreibe die jeweils genannte Tierart im Singular auf.
Die Lösung des Rätsels findest du, indem du die dick umrandeten Felder von oben nach unten aneinanderreihst.

1. Gen 8,9:
2. Lev 11,7:
3. Ex 4,3:
4. Dtn 14,14:
5. Lev 11,4:
6. Gen 22,3:
7. Gen 15,9 (3. Tier):
8. Ex 22,30:
9. Lev 3,1:
10. Num 29,25:
11. Gen 15,11:
12. Ex 8,12:
13. Lev 11,19 (1. Tier):
14. Dtn 14,5 (3. Tier):
15. Dtn 25,4:
16. Gen 12,16 (2. Tier):
17. Lev 11,6:
18. Gen 1,26 (1. Tier):
19. Ex 2,16 (1. Tier):
20. Gen 32,16 (2. Tier):
21. Ex 7,28:
22. Lev 4,16:
23. Dtn 14,7 (3. Tier):
24. Lev 11,17 (2. Tier):

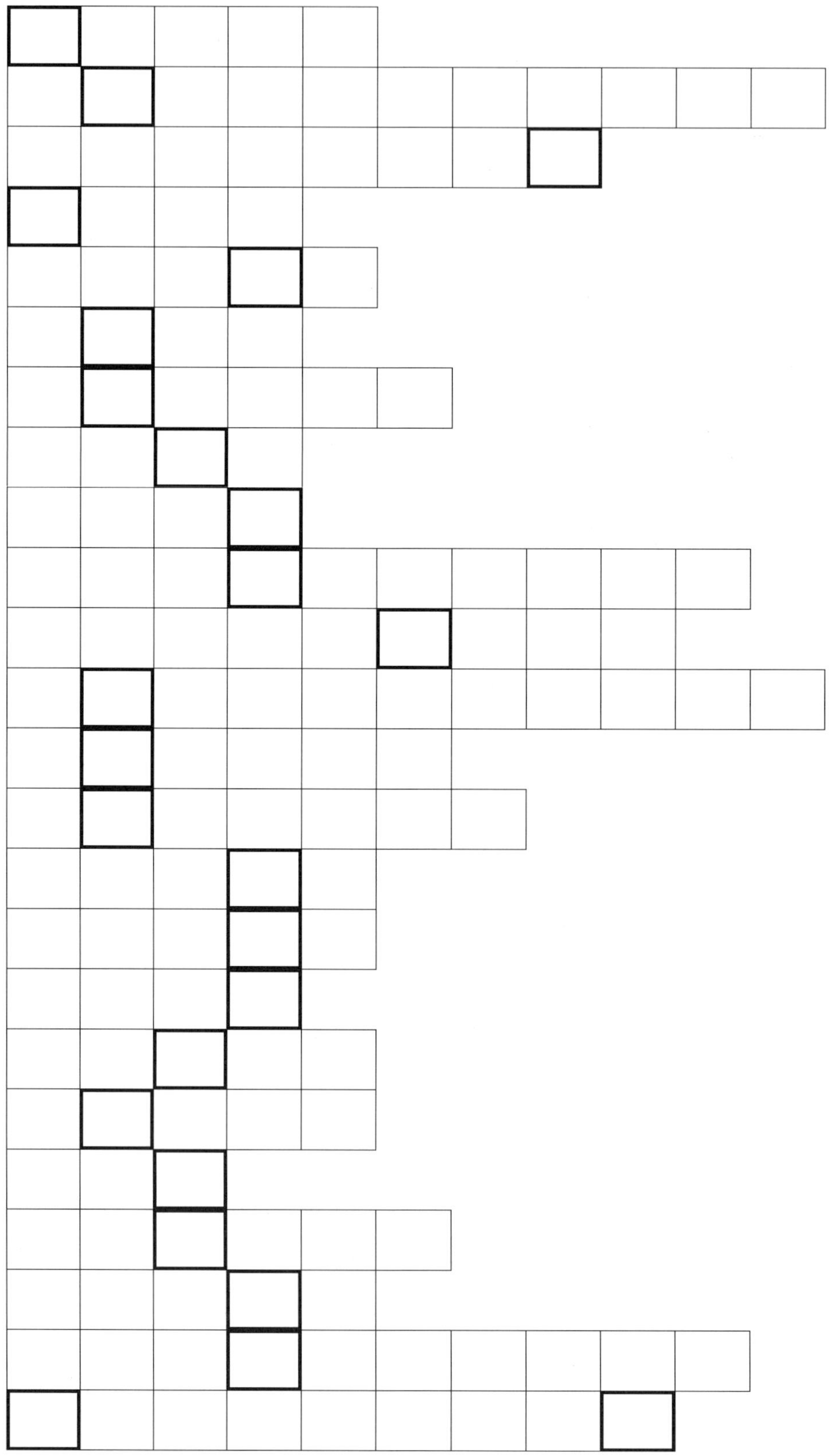

Lösung: ____________________

Die biblische Pflanzenwelt

Versuche das Rätsel mit Hilfe der fünf Bücher Mose zu lösen!
Schreibe die jeweils genannte Pflanzenart im Singular auf.

1. Ex 23,11:
2. Lev 23,40:
3. Gen 6,14:
4. Dtn 32,32:
5. Ex 15,27:
6. Ex 12,8:
7. Ex 9,31 (2. Pflanze):
8. Ex 12,22:
9. Ex 25,10:
10. Ex 9,31 (1. Pflanze):
11. Ex 2,3 (2. Pflanze):
12. Gen 18,1:
13. Ex 9,32 (1. Pflanze):
14. Ex 3,2:
15. Ex 2,3 (1. Pflanze):
16. Gen 41,49:

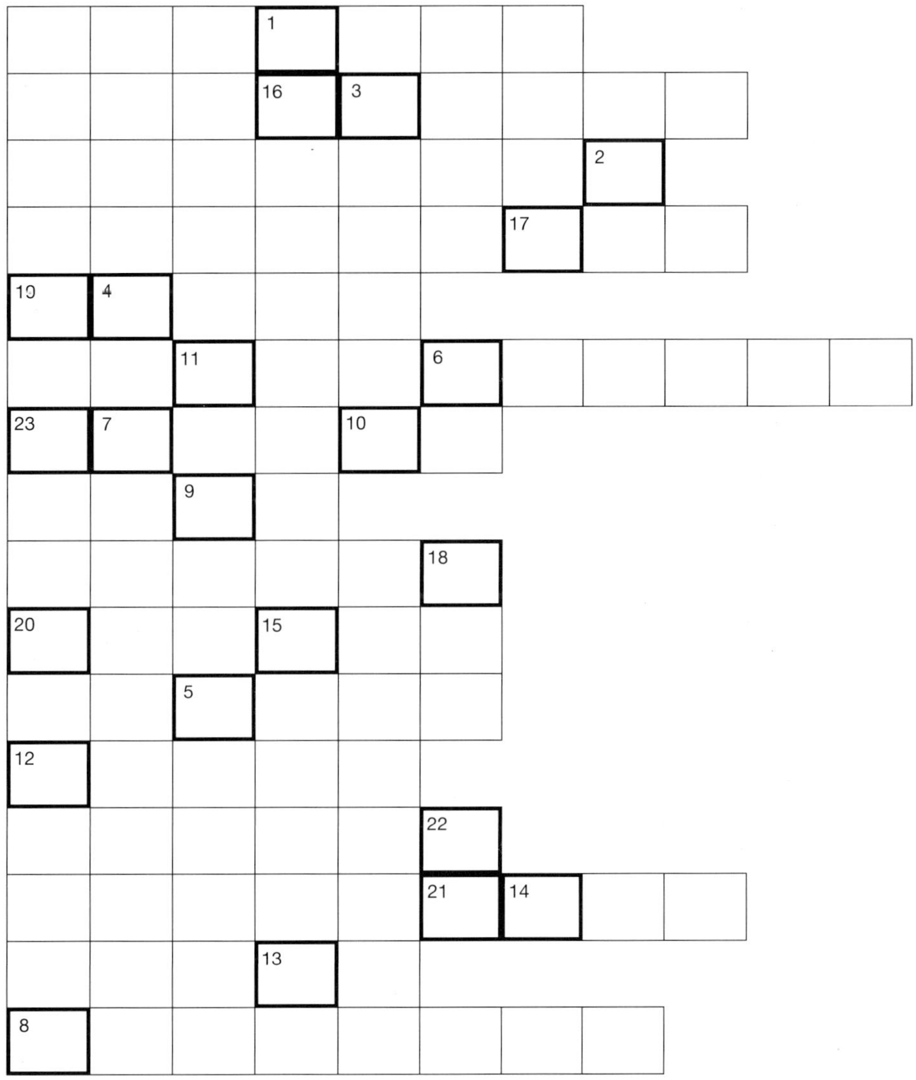

Lösung:

1	2	3	4	5	6	7

8	9	10	11	12	13

14	15	16	17	18	19	20	21	22	23

Spurensuche

Detektive müssen Spuren suchen.
Begebe dich auf Spurensuche, indem du die folgenden Sätze in der Bibel nachschlägt. Wenn du sie gefunden hast, notiere die jeweilige Textstelle.

1. Gott sprach: Es werde Licht. Und es wurde Licht. ___________

2. Die Flut auf der Erde dauerte 40 Tage. Das Wasser stieg und hob die Arche immer höher über die Erde. ___________

3. Der Herr sprach zu Abraham: Zieh weg aus deinem Land, von deiner Verwandtschaft und aus deinem Vaterhaus in das Land, das ich dir zeigen werde. ___________

4. Dort erschien ihm der Engel des Herrn in einer Flamme, die aus dem Dornbusch emporschlug. Er schaute hin: Da brannte der Dornbusch und verbrannte doch nicht. ___________

5. Du sollst nicht morden. ___________

6. Da trat aus dem Lager der Philister ein Vorkämpfer namens Goliat aus Gat hervor. Er war sechs Ellen und eine Spanne groß. ___________

7. Als Jesus zur Zeit des Königs Herodes in Betlehem in Judäa geboren war, kamen Sterndeuter aus dem Osten nach Jerusalem. ___________

8. In jener Gegend lagerten Hirten auf freiem Feld und hielten Nachtwache bei ihrer Herde. ___________

9. Als Jesus an die Stelle kam, schaute er hinauf und sagte zu ihm: Zachäus, komm schnell herunter! Denn ich muss heute in deinem Haus zu Gast sein. ___________

10. Am gleichen Tag waren zwei von den Jüngern auf dem Weg in ein Dorf namens Emmaus, das sechzig Stadien von Jerusalem entfernt ist. ___________

Rechenrätsel

Löse das Rätsel, indem du die Bibelstellen durch die Zahlen ersetzt, die du dort findest und die Aufgaben ausrechnest.

1. a) Gen 5,3 + Gen 5,11 – Gen 5,31

   _______ + _______ – _______ = _______

   b) Gen 5,6 + Gen 41,1 – Gen 5,15 + Gen 40,20

   _______ + _______ – _______ + _______ = _______

   c) Gen 11,16 + Gen 11,17 + Gen 11,18 + Gen 11,21

   _______ + _______ + _______ + _______ = _______

   d) Gen 11,14 + Gen 23,1 – Gen 47,9

   _______ + _______ – _______ = _______

2. a) Gen 8,3 · Gen 8,6 + Gen 5,32

   _______ · _______ + _______ = _______

   b) (Gen 41,2 + Gen 5,28) · (Gen 5,17 – Gen 7,17)

   (_______ + _______) · (_______ – _______) = _________

   c) Gen 29,20 · Gen 23,1 – Gen 5,22 : Gen 11,14

   _______ · _______ – _______ : _______ = _________

   d) (Gen 5,14 – Gen 5,30) · (Gen 11,20 + Gen 16,16) + Gen 5,31

   (_______ – _______) · (_______ + _______) + _________ = _________

Schlangenrätsel zur Bibel

Löse das Rätsel mit Hilfe der Aufgabenstellung. Die Wörter beginnen mit einer Zahl und enden mit der nächsten Zahl, so dass jeweils der Endbuchstabe gleichzeitig der Anfangsbuchstabe des nächsten Wortes ist.

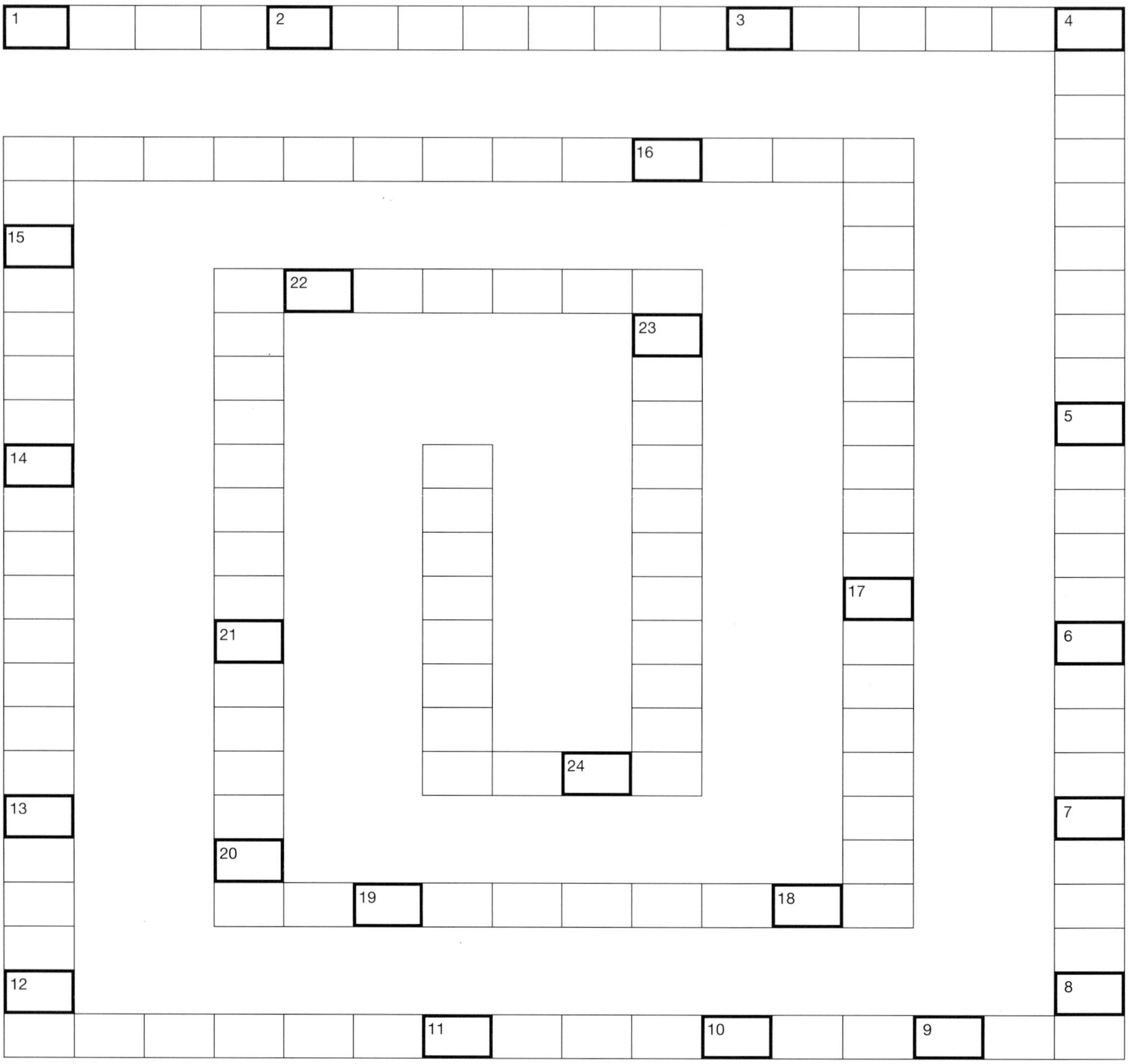

1. Name des Messias
2. Strafe, die Gott im AT über die bösen Menschen verhängte
3. Geburtsort von Paulus
4. Sammelbegriff für die Evangelisten Markus, Matthäus und Lukas
5. Volk, das Kanaan zur Zeit Jesu besetzt hatte
6. Bezeichnung für Jesus, anderes Wort für Meister
7. Sohn Abrahams
8. Stadt, in der Jesus Wasser in Wein verwandelte
9. Bruder des Kain
10. einer der Evangelisten
11. Tier im Garten Eden
12. Bote von Gott
13. drittes Buch der fünf Bücher Mose
14. Ruhetag bei den Juden
15. Stadt in Griechenland, die Paulus besuchte
16. Bezeichnung für die Menschen, die zuerst Heiden waren und dann Christen wurden
17. Beiname Jesu, d. h. der Mann aus Nazaret
18. Frau des Isaak
19. hebräisches Wort mit der Bedeutung „So sei es“
20. Name der Stadt, in die Jona ging
21. ursprünglich aus dem Griechischen stammendes Wort für „Gute Nachricht“
22. hebräisches Wort für „Gesalbter“; Jesus wurde so bezeichnet
23. Worin mussten Maria und Josef sich in Betlehem eintragen lassen?
24. Die Hirten hielten zur Zeit der Geburt Jesu … bei ihren Schafen.

Lösung:
Domino: Jesus und die Menschen seiner Zeit (1)

Start	Geburtsort Jesu	Betlehem	Mutter Jesu
Maria	Namen der ersten zwei Jünger, die Jesus zu sich rief	Simon und Andreas	Name des Mannes, der Jesus das Kreuz tragen half
Simon von Zyrene	Name des Mannes, der Jesus verriet	Judas Iskariot	kleiner Oberzöllner
Zachäus	Aufschrift auf dem Kreuz, an dem Jesus starb	Der König der Juden	Name der Frau, die häufig an der Seite Jesu war
Maria Magdalena	Name des Mannes, den Pilatus freiließ	Barabbas	Name des Mannes, der Jesus dreimal verleugnete
Simon Petrus	Name des Gartens, in dem Jesus vor seinem Tod betete	Getsemani	Stadt in der Jesus aufwuchs
Nazaret	Marias Mann	Josef	Name des Mannes, der Jesus zum Tode verurteilte
Pilatus	Name des römischen Kaisers zur Zeit der Geburt Jesu	Augustus	Jesus heilte die Schwiegermutter von …
Simon Petrus	Zeichen, durch das Jesus verraten wurde	Kuss	Name des Sees, an dem Jesus predigte

Lösung: Das Leben Jesu

1. JOHANNES
2. HIRTEN
3. JUDAS
4. AUGUSTUS
5. PASCHAFEST
6. GALILAEA
7. PETRUS
8. MARTA
9. LAZARUS
10. HANNA
11. JERUSALEM
12. APOSTEL
13. KAFARNAUM
14. BETLEHEM
15. JAIRUS
16. ZOELLNER
17. SIMON
18. TEMPEL
19. KLEOPAS
20. NAZARET
21. BARABBAS

Lösung: **JESUS IST UNSER ERLOESER**

Lösung:
Das Kindheitsevangelium nach Lukas (Lk 1,5–2,52)

1. FUEN**F**-MONATE
2. Q**U**IRINIUS
3. HERB**E**RGE
4. GAB**R**IEL
5. BES**C**HNEIDUNG
6. BETLE**H**EM
7. HIR**T**EN
8. FRI**E**DEN
9. **T**AUBEN
10. ELISAB**E**T
11. AUGUST**U**S
12. PAS**C**HAFEST
13. JO**H**ANNES
14. DREI-MO**N**ATE
15. AB**I**JA
16. ZA**C**HARIAS
17. **H**ANNA
18. **T**EMPEL

Lösung: **FUERCHTET EUCH NICHT**

Lösung:
Domino: Jesus und die Menschen seiner Zeit (2)

See von Galiläa	Fluss, in dem Jesus getauft wurde
Hohe Rat	Name der Stadt, in der Jesus den Tempel besuchte
Johannes	bekannter Zöllner, der Jesus nachfolgte
Bartimäus	Golgota heißt übersetzt …
Esel	Zeitraum, in dem Jesus fastete
Brote und Fische	Name des Mannes, der Jesus vom Kreuz nahm
Maria und Marta	Menschengruppe, die Jesus aus dem Tempel vertrieb
Paschamahl	2 Jünger sprachen mit dem Auferstandenen auf dem Weg nach …
Herodes	Gebet, das Jesus sprach

Jordan	Gremium, von dem Jesus verhört wurde
Jerusalem	Name des Mannes, der Jesus taufte
Levi	Name des blinden Bettlers, den Jesus heilte
Schädelhöhe	Tier, auf dem Jesus vor seinem Leiden in Jerusalem einzog
40 Tage	Nahrungsmittel, die Jesus an 5000 Menschen verteilte
Josef von Arimathäa	2 Frauen, die Jesus freundlich aufnahmen
Händler	Name des Mahles, das Jesus vor seinem Tod feierte
Emmaus	König, der Jesus töten wollte
Vater unser	Ende

Lösung:
Die Bedeutung Jesu in den Kindheitsevangelien

① ② ③ ④ ⑤ ⑥ ⑦ ⑧ ⑨ ⑩ ⑪ ⑫ ⑬

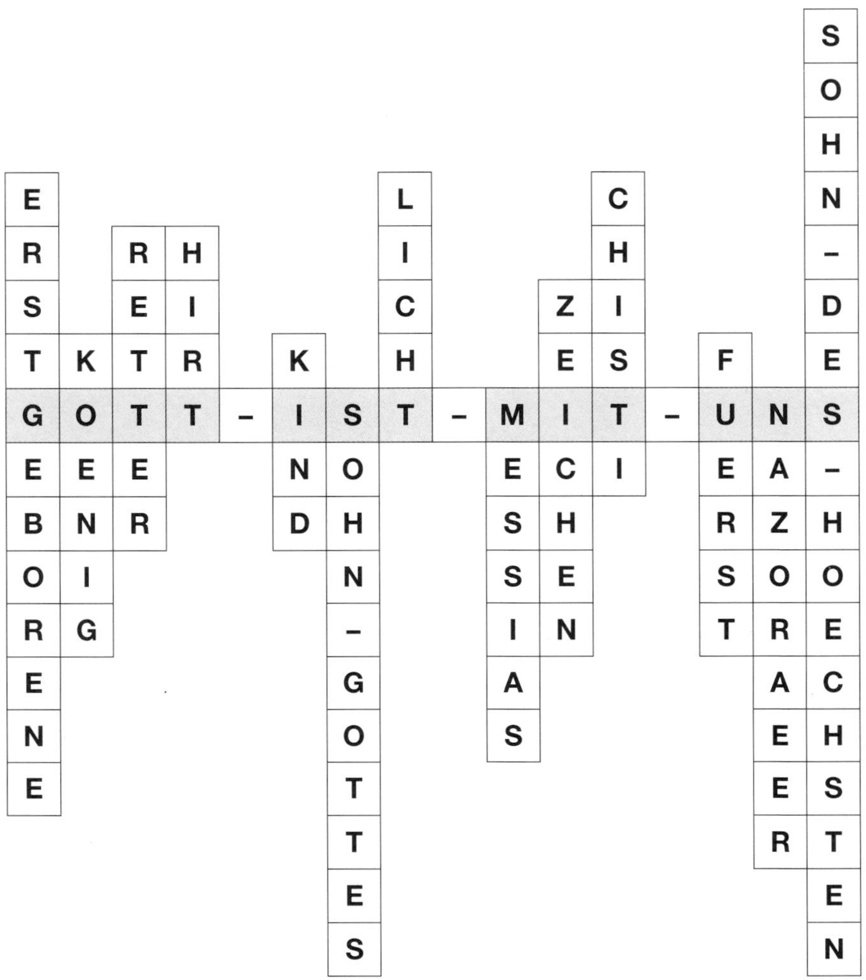

Lösung:
Das Kindheitsevangelium nach Matthäus (Mt 1,18–2,23)

Lösung: **IMMANUEL**

Lösungen Lösungen Lösungen Lösungen Lösungen Lösungen

Lösung: Auf den Spuren der Gleichnisse

Und wenn er es gefunden hat, nimmt er es voll Freude auf seine Schultern.	Das verloren Schaf (Lk 15,4–7)
Ein anderer Teil schließlich fiel auf guten Boden und brachte Frucht.	Der Sämann (Mk 4,3–9)
Aber jetzt müssen wir uns doch freuen und ein Fest feiern; denn dein Bruder war tot und lebt wieder; er war verloren und ist wiedergefunden worden.	Der verlorene Sohn (Lk 15,11–32)
Hast du nicht einen Denar mit mir vereinbart? Nimm dein Geld und geh!	Die Arbeiter im Weinberg (Mt 20,1–16)
Und wenn sie es gefunden hat, ruft sie ihre Freundinnen und Nachbarinnen zusammen.	Die verlorene Drachme (Lk 15,8–10)
Der Herr hatte Mitleid mit dem Diener, ließ ihn gehen und schenkte ihm die Schuld.	Der unbarmherzige Gläubiger (Mt 18,23–35)
Dann hob er ihn auf sein Reittier, brachte ihn zu einer Herberge und sorgte für ihn.	Der barmherzige Samariter (Lk 10,30–37)
Dieses ist das kleinste von allen Samenkörnern, die man in die Erde sät.	Das Senfkorn (Mk 4,30–32)

Lösung: Gleichnisse im Buchstabendurcheinander

1. Das Gleichnis vom	NAMÄSN	Sämann
2. Das Gleichnis vom	EHARBRZIGNEM MRETASARI	barmherzigen Samariter
3. Das Gleichnis vom	KRNONESF	Senfkorn
4. Das Gleichnis vom	TGEUASERI	Sauerteig
5. Das Gleichnis vom	LERVRONEEN NOSH	verlorenen Sohn
6. Das Gleichnis von den	RBEIATNRE MI BIERGEWN	Arbeitern im Weinberg
7. Das Gleichnis vom	NEROLENREV FSCAH	verlorenen Schaf
8. Das Gleichnis von der	REVRLOEENN CHMAERD	verlorenen Drachme
9. Das Gleichnis von den	NÖSEB ZIWNRNE	bösen Winzern
10. Das Gleichnis vom	NEGKLU WERVATLRE	klugen Verwalter

Lösung:
Wundererzählungen nach dem Markusevangelium im Buchstabendurcheinander

1. Die Speisung der	DENFÜTAUFNS		Fünftausend
2. Der Gang Jesu auf dem	RSASWE		Wasser
3. Die Auferweckung der Tochter des	JRUSAI		Jairus
4. Die Heilung der	ERCHSMTTWEGUERI	des Petrus	Schwiegermutter
5. Die Heilung eines	STÄIASUENGZ		Aussätzigen
6. Die Heilung eines	LMÄTHEGEN		Gelähmten
7. Die Heilung eines	STTUABMENMU		Taubstummen
8. Die Heilung eines	LBNINED	bei Betsaida	Blinden
9. Die Heilung des	SBENESSEEN	von Gerasda	Besessenen
10. Die Heilung eines	NMNESA	am Sabbat	Mannes

Lösung:
Textpuzzle: Der barmherzige Samariter (Lk 10,30–35)

Ein Mann ging von Jerusalem nach Jericho hinab.	**DEI**
Er wurde von Räubern überfallen.	**NEN**
Sie plünderten ihn aus und schlugen ihn nieder.	**NAE**
Dann gingen sie weg und ließen ihn halbtot liegen.	**CHS**
Zufällig kam ein Priester denselben Weg herab.	**TEN**
Er sah ihn und ging weiter.	**SOL**
Auch ein Levit kam zu der Stelle.	**LST**
Er sah ihn und ging weiter.	**DU**
Dann kam ein Mann aus Samarien, der auf der Reise war.	**LIE**
Als er ihn sah, hatte er Mitleid.	**BEN**
Er ging zu ihm hin, goß Öl und Wein auf seine Wunden und verband ihn.	**WI**
Dann hob er ihn auf sein Reittier.	**ED**
Er brachte ihn zu einer Herberge und sorgte für ihn.	**ICH**
Am anderen Morgen holte er zwei Denare hervor, gab sie dem Wirt und sagte:	**SEL**
Sorge für ihn, und wenn du mehr für ihn brauchst, werde ich es dir bezahlen, wenn ich wiederkomme.	**BST**

Lösungssatz: **DEINEN NAECHSTEN SOLLST DU LIEBEN WIE DICH SELBST**

Lösung:
Textpuzzle: Jesus im Haus des Zöllners Zachäus (Lk 19,1–10)

Jesus kam nach Jericho und ging durch die Stadt.

Dort wohnte ein Mann namens Zachäus.

Er war der oberste Zollpächter und war sehr reich.

Er wollte gern sehen, wer dieser Jesus sei.

Doch die Menschenmenge versperrte ihm die Sicht, denn er war sehr klein.

Darum lief er voraus und stieg auf einen Maulbeerfeigenbaum.

Als Jesus an die Stelle kam, schaute er hinauf und sagte zu ihm:

Zachäus, komm schnell herunter!
Denn ich möchte heute in deinem Haus zu Gast sein.

Da stieg er schnell herunter und nahm Jesus freudig bei sich auf.

Als die Leute das sahen, empörten sie sich und sagten: Er ist bei einem Sünder eingekehrt.

Zachäus aber wandte sich an den Herrn und sagte:

Herr, die Hälfte meines Vermögens will ich den Armen geben, und wenn ich von jemand zu viel gefordert habe, gebe ich ihm das Vierfache zurück.

Da sagte Jesus zu ihm:
Heute ist diesem Haus das Heil geschenkt worden. Denn der Menschensohn ist gekommen, um zu suchen und zu retten, was verloren ist.

Lösung:
Textpuzzle: Die Auferweckung eines jungen Mannes in Nain (Lk 7,11–17)

Jesus ging in eine Stadt namens Nain.	**DIE**
Seine Jünger und eine große Menschenmenge folgten ihm.	**RET**
Als er in die Nähe des Stadttores kam, trug man gerade einen Toten heraus.	**TUN**
Es war der einzige Sohn seiner Mutter, einer Witwe.	**GDE**
Und viele Leute aus der Stadt begleiteten sie.	**RMU**
Als der Herr die Frau sah, hatte er Mitleid mit ihr und sagte zu ihr: Weine nicht!	**TTE**
Dann ging er zu der Bahre hin und fasste sie an.	**RDU**
Die Träger bleiben stehen, und er sagte:	**RCH**
Ich befehle dir, junger Mann: Steh auf!	**GOT**
Da richtete sich der Tote auf und begann zu sprechen, und Jesus gab ihn seiner Mutter zurück.	**TES**
Alle wurden von Furcht ergriffen; sie priesen Gott und sagten:	**SOH**
Ein großer Prophet ist unter uns aufgetreten: Gott hat sich seines Volkes angenommen.	**NJE**
Und die Kunde davon verbreitete sich überall in Judäa und im ganzen Gebiet ringsum.	**SUS**

Lösungssatz: **DIE RETTUNG DER MUTTER DURCH GOTTES SOHN JESUS**

Lösung:
Textpuzzle: Vom Beten – Das Vater unser (Mt 6,9–14)

Unser Vater im Himmel,	G
dein Name werde geheiligt,	E
dein Reich komme,	B
dein Wille geschehe	E
wie im Himmel, so auf der Erde.	T
Gib uns heute das Brot, das wir brauchen.	D
Und erlass uns unsere Schulden,	E
wie auch wir sie unseren Schuldnern erlassen haben.	S
Und führe uns nicht in Versuchung,	H
sondern rette uns vor dem Bösen.	E
Denn wenn ihr den Menschen ihre Verfehlungen vergebt,	R
dann wird euer himmlischer Vater auch euch vergeben.	R
Wenn ihr aber den Menschen nicht vergebt, dann wird euch euer Vater eure Verfehlungen auch nicht vergeben.	N

Lösung: **GEBET DES HERRN**

Lösung:
Die Markus-Passion (Mk 14,26–15,41)

							8.		10.						
1.							G		P	11.					16.
P	2.	3.	4.	5.		7.	O	9.	U	D					J
I	H	G	R	B	6.	G	T	S	R	O			14.		E
L	A	E	A	A	E	E	T	C	P	R	12.	13.	P	15.	R
A	U	F	E	R	S	T	E	H	U	N	G	J	E	S	U
T	P	A	U	A	S	S	S	A	R	E	O	U	T	A	S
U	T	N	B	B	I	E	L	E	M	N	L	D	R	L	A
S	M	G	E	B	G	M	A	D	A	K	G	A	U	O	L
	A	E	R	A		A	E	E	N	R	O	S	S	M	E
	N	N		S		N	S	L	T	A	T			E	M
	N	N				I	T	H	E	N	A				
		A					E	O	L	Z					
		H					R	E							
		M					U	H							
		E					N	E							
							G								

Lösung:
Städte in Palästina zur Zeit des Neuen Testaments

							⑦		⑨		⑪		
							S		D		N		
				④		⑥	I		A		A		⑬
	②	③		M		K	D	⑧	M	⑩	Z	⑫	B
①	J	J		A	⑤	A	O	B	A	N	A	B	E
S	E	E	–	G	E	N	N	E	S	A	R	E	T
I	R	R		D	M	A		T	K	I	E	T	L
C	I	U		A	M			S	U	N	T	A	E
H	C	S		L	A			A	S			N	H
E	H	A		A	U			I				I	E
M	O	L			S			D				E	M
		E						A				N	
		M											

Lösung: **SEE GENNESARET**

Lösung:
Eigenschaften der Mutter Jesu im Buchstabenlabyrinth

A		M													
U			A												A
S			A	E	N	G	S	T	L	I	C	H			U
E					C										S
R						H							B		S
W							T						E		E
A		D	E	M	U	E	T	I	G				S		R
E									G				C		G
H			S						S				H		E
L			C	T					E				E		W
T			H		A				L				I		O
			W			R			B				D		E
			A				K		S				E		H
			C						T				N		N
			H						B						L
									E						I
									W	I					C
	M	U	T	I	G				U		N				H
									S			F			
K	A	E	M	P	F	E	R	I	S	C	H		A		
									T					C	
		G	E	H	O	R	S	A	M						H
										K	L	U	G		

Lösung:
Domino: Paulus (2)

Titus	Paulus war bei der Steinigung von … anwesend	Stephanus	Gemeinde in Griechenland, die Paulus besuchte
Korinth	Menschengruppe, die Paulus verfolgte	Christen	Tätigkeit des Paulus, nachdem Jesus ihm erschienen war
Verkündigung des Evangeliums	Land, das Paulus zweimal bereiste	Griechenland	Verkehrsmittel, mit dem Paulus nach Rom gelangte
Schiff	Insel, die Paulus auf seiner Romreise besuchte	Kreta	Gefahren während seiner Reisen
Räuberei und Schiffsbrüche	Anzahl der Missionsreisen des Paulus	Vier	Küstenstadt im heutigen Kleinasien, die Paulus besuchte
Ephesus	Enger Mitarbeiter des Paulus	Timotheus	Ende

Lösung:
Domino: Paulus (1)

Start	Jüdischer Name des Paulus	Saulus	Ort, in dem Paulus geboren wurde
Tarsus	Sprachen, die Paulus beherrschte	Griechisch und Häbräisch	Stadt, vor der Jesus dem Paulus erschien
Damaskus	Gotteshäuser, in denen Paulus predigte	Synagogen	Beruf des Paulus
Zelt- und Teppichmacher	Stadt, in der Paulus sich mit den Aposteln traf	Jerusalem	Gebäude, in dem Paulus mehrere Jahre verbrachte
Gefängnis	Welches Bürgerrecht besaß Paulus?	Das römische Bürgerrecht	Römische Münze
Denar	Ort, in dem Paulus starb	Rom	Person (mit 5 Buchstaben), an die Paulus einen Brief schrieb

Lösung:
Die Reisen des Apostels Paulus – Städte im Silbenmix

1. Antiochia
2. Athen
3. Caesarea
4. Derbe
5. Ephesus
6. Jerusalem
7. Korinth
8. Neapolis
9. Perge
10. Philippi
11. Rom
12. Sidon
13. Tarsus
14. Thessalonich
15. Troas

Lösung:
Das Leben des Paulus

1. VERFOLGER
2. ZELTMACHER
3. JUDENCHRISTEN
4. KORINTH
5. TIMOTHEUS
6. PETRUS
7. HEIDENCHRISTEN
8. DERBE
9. GEFAENGNIS
10. GRIECHISCH
11. DAMASKUS
12. STEPHANUS
13. THESSALONICH
14. ROEMER
15. VERURTEILT
16. BARNABAS
17. ONESIMUS
18. BUERGERRECHT
19. PHILEMON
20. JERUSALEM
21. ZILIZIEN
22. TARSUS
23. GEMEINDEN
24. TITUS

Lösung: **VERKUENDER DES EVANGELIUMS**

Lösung:
Petrus in römischer Geheimschrift

Ursprünglicher Name:	XIX-IX-XIII-XV-XIV II-I-XVIII-X-XV-XIV-I	Simon Barjona
Geburtsort:	II-V-XX-XIX-I-IX-IV-I	Betsaida
Ursprünglicher Wohnort:	XI-I-VI-I-XVIII-XIV-I-XXI-XIII	Kafarnaum
Ursprünglicher Beruf:	VI-IX-XIX-III-VIII-V-XVIII	Fischer
Beinamen:	XI-V-XVI-VIII-I-XIX	Kephas

Zeuge der:
- V-XVIII-XXIII-V-III-XI-XXI-XIV-VII IV-V-XVIII XX-XV-III-VIII-XX-V-XVIII IV-V-XIX X-I-IX-XVIII-XXI-XIX
- XXII-V-XVIII-XI-XII-I-V-XVIII-XXI-XIV-VII X-V-XIX-XXI
- XX-XV-IV-V-XIX-I-XIV-VII-XIX-XX X-V-XIX-XXI
- I-XXI-VI-V-XVIII-XIX-XX-V-VIII-XXI-XIV-VII X-V-XIX-XXI

Erweckung der Tochter des Jairus / Verklaerung Jesu /
Todesangst Jesu / Auferstehung Jesu

Jesu Worte über Petrus:
IV-XXI II-IX-XIX-XX XVI-V-XX-XVIII-XXI-XIX
XXI-XIV-IV I-XXI-VI IV-IX-V-XIX-V-XIII
VI-V-XII-XIX-V-XIV XXIII-V-XVIII-IV-V IX-III-VIII
XIII-V-IX-XIV-V XI-IX-XVIII-III-VIII-V II-I-XXI-V-XIV

Du bist Petrus, und auf diesem Felsen
werde ich meine Kirche bauen.

Tat vor der Kreuzigung:
IV-XVIII-V-IX-XIII-I-XII-IX-VII-V
XXII-V-XVIII-XII-V-XXI-VII-XIV-XXI-XIV-VII
X-V-XIX-XXI

Dreimalige Verleugnung Jesu

Nach der Auferstehung Jesu:
- XII-V-IX-XX-V-XVIII IV-V-XVIII XXI-XVIII-VII-V-XIII-V-IX-XIV-IV-V
- XIII-IX-XIX-XIX-IX-XV-XIV-I-XVIII
- XXII-XV-XII-XII-II-XVIII-IX-XIV-VII-V-XVIII XXII-XV-XIV XIII-I-III-VIII-XX-XX-I-XX-V-XIV

Leiter der Urgemeinde / Missionar /
Vollbringer von Machttaten

I	A	X	J	XIX	S
II	B	XI	K	XX	T
III	C	XII	L	XXI	U
IV	D	XIII	M	XXII	V
V	E	XIV	N	XXIII	W
VI	F	XV	O	XXIV	X
VII	G	XVI	P	XXV	Y
VIII	H	XVII	Q	XXVI	Z
IX	I	XVIII	R		

Lösung:
Adressaten der Briefe des Apostels Paulus im Morsealphabet

1. · ·––· ···· · ··· · ·–· — Epheser
2. ––· ·– ·–·· ·– – · ·–· — Galater
3. ···· · –··· ·–· ·– · · ·–· — Hebraer
4. –·– ––– ·–·· ––– ··· ··· · ·–· — Kolosser
5. –·– ––– ·–· ·· –· – ···· · ·–· — Korinther
6. ·––· ···· ·· ·–·· · –– ––– –· — Philemon
7. ·––· ···· ·· ·–·· ·· ·––· ·––· · ·–· — Philipper
8. ·–· ––– · –– · ·–· — Roemer
9. – ·· –– ––– – ···· · ··– ··· — Timotheus
10. – ·· – ··– ··· — Titus

A ·–	B –···	C –·–·	D –··	E ·	F ··–·	G ––·
H ····	I ··	J ·–––	K –·–	L ·–··	M ––	N –·
O –––	P ·––·	Q ––·–	R ·–·	S ···	T –	U ··–
V ···–	W ·––	X –··–	Y –·––	Z ––··		

Lösung:
Schlangenrätsel zum Neuen Testament

[1] N	A	Z	A	R	E	[2] T	E	M	P	E	[3] L	A	Z	A	R
															U
															[4] S
[14] M	A	R	I	[15] A	U	G	U	S	T	U	[16] S	C			A
U												H			M
A												W			A
R			O	L	G	O	T	[22] A	U			I			R
[13] T			[21] G						F			E			I
N			I						E			G			[5] A
E			S						R			E			P
M			S						S			R			O
A			[20] E						T			M			S
T			G						E			U			T
S			O			I			H			T			E
E			G			N			U			T			[6] L
T			A			A			N			E			E
S			N			M			[23] G			[17] R			V
E			Y			E	S	T	E			O			[7] I
U			[19] S									E			S
E			E									M			K
[12] N			T	T	O	G	H	C	I	E	[18] R	E			A
I															R
A															I
[11] N	O	M	I	[10] S	U	L	U	A	[9] S	A	M	O	H	[8] T	O

Lösung:
Geheimschrift: Das Abc des Neuen Testaments

A:	WQBANOPADQJC	Auferstehung
B:	XAPHADAI	Betlehem
C:	YDNEOPQO	Christus
D:	ZNWYDIA	Drachme
E:	ARWJCAHEQI	Evangelium
F:	BNEAZA	Friede
G:	CANAYDPECGAEP	Gerechtigkeit
H:	DAEHQJC	Heilung
I:	EONWAH	Israel
J:	FAOQO	Jesus
K:	GNAQV	Kreuz
L:	HEAXA	Liebe
M:	IWNEW	Maria
N:	JWVWNAP	Nazaret
O:	KAHXANC	Oelberg
P:	LDWNEOWAAN	Pharisaeer
Q:	MQENEJEQO	Quirinius
R:	NAEYD CKPPAO	Reich Gottes
S:	OKDJ CKPPAO	Sohn Gottes
T:	PWQBA	Taufe
U:	QIGADN	Umkehr
V:	RANOKADJQJC	Versoehnung
W:	SQJZAN	Wunder
X:	CEXP'O JET	Gibt's nix
Y:	UOKL	Ysop
Z:	VKAHHJAN	Zoellner

W	X	Y	Z	A	B	C	D	E	F	G	H	I	J	K	L	M	N	O	P	Q	R	S	T	U	V
A	B	C	D	E	F	G	H	I	J	K	L	M	N	O	P	Q	R	S	T	U	V	W	X	Y	Z

Lösung: Das Buch Genesis

1. HAGAR
2. BABEL
3. ESAU
4. ACKERBODEN
5. ABRAHAM
6. KAIN
7. ARCHE
8. SCHAFHIRT
9. SIEBEN-TAGE
10. ABEL
11. SEGEN
12. ADAM
13. VIERZIG
14. ACKERBAUER
15. RIPPE
16. ISAAK
17. SARA
18. SCHLANGE
19. JOSEF
20. HOLZ
21. LICHT
22. TAUBE
23. REBEKKA
24. AEGYPTEN

Lösung: **GESCHICHTEN DER ISRAELITEN**

Lösung: Bedeutende Männer aus dem AT im Buchstabenlabyrinth

	J	O	N	A											
								I	J	O	B				
												A		B	
		A	D	A	M							M		E	
												O		N	
			M									S		J	
			O					K	S					A	
	J	O	S	E	F				A					M	
			E						U	I				I	
									L		N			N	
		A	A	R	O	N									
		B													
		E						A	B	R	A	H	A	M	
		L			E	L	I	J	A						
S													D		
	A							J			J		A		
		M				N	O	A	C	H	E		V		
			U					K			S		I		
				E				O			A		D		
					L			B			J				L
											A				O
		I	S	A	A	K									T

Lösung:
Domino: Die Erzväter (2)

Rebekka	Isaaks Söhne	Esau und Jakob	Lieblingssohn der Rebekka
Jakob	Person, die das Erstgeburtsrecht an den Bruder verkaufte	Esau	Isaaks Tat kurz vor seinem Tod
Segnung Jakobs	Stadt, in die Jakob vor Esau floh	Haran	Frau des Jakobs
Rahel	Name der älteren Schwester von Rahel	Lea	Rahels Beruf
Hirtin	Anzahl der Söhne des Jakob	Zwölf	Rahels Sohn
Josef	Ereignis, das durch Josef verhindert wurde	Hungersnot	Ende

Lösung:
Domino: Die Erzväter (1)

Start	Geburtsort des Abraham	Ur	Name der Frau von Abraham
Sara	Land, in das Abraham zog	Kanaan	Abrahams Neffe
Lot	Versprechen Gottes an Abraham	zahlreiche Nachkommen	Saras ägyptische Magd
Hagar	Stadt, die völlig zerstört wurde	Sodom	Sohn von Sara und Abraham
Isaak	Hagars Sohn	Ismael	Zeichen des Bundes zwischen Gott und den Israeliten
Beschneidung	Tier, das Abraham opferte	Widder	Isaaks Frau

Lösung: Die Stämme Israels nach Gen 49,1–27 im Morsealphabet

1. ·-· ··- -··· · -·	Ruben
2. ··· ·· -- · --- -·	Simeon
3. ·-·· · ···- ··	Levi
4. ·--- ··- -·· ·-	Juda
5. ··· · -··· ··- ·-·· --- -·	Sebulon
6. ·· ··· ··· ·- -·-· ···· ·- ·-·	Issachar
7. -·· ·- -·	Dan
8. --· ·- -··	Gad
9. ·- ··· -·-· ···· · ·-·	Ascher
10. -· ·- ··-· - ·- ·-·· ··	Naftali
11. ·--- --- ··· · ··-·	Josef
12. -··· · -· ·--- ·- -- ·· -·	Benjamin

A ·-	B -···	C -·-·	D -··	E ·	F ··-·	G --·
H ····	I ··	J ·---	K -·-	L ·-··	M --	N -·
O ---	P ·--·	Q --·-	R ·-·	S ···	T -	U ··-
V ···-	W ·--	X -··-	Y -·--	Z --··		

Lösung: Das Leben des Abraham

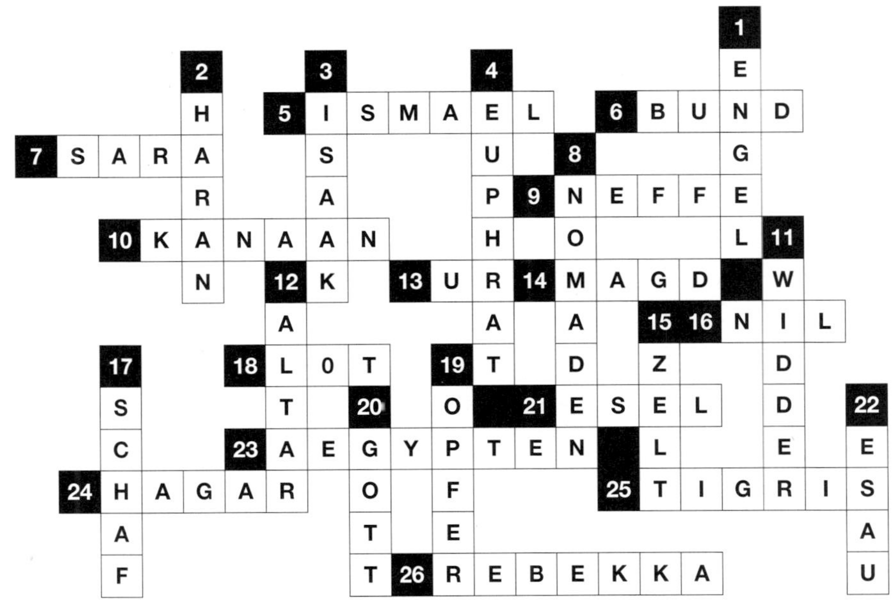

Lösung:
Domino: Exodus (1)

Start	Bruder des Mose	Aaron	Land, in das Mose vor dem Pharao floh
Midian	Bezeichnung Gottes	Jahwe (Ich bin da)	Name des Meeres, durch das die Israeliten flohen
Schilfmeer	König von Ägypten	Pharao	Gott, den die Israeliten aus Gold gossen
Das goldene Kalb	Schwester des Mose	Mirjam	Fleisch, das die Israeliten abends in der Wüste aßen
Wachteln	Etwas, das brannte, aber nicht verbrannte	Dornbusch	Person, die Mose als Baby fand
Tochter des Pharao	Berg, auf dem Mose starb	Nebo	Name des Berges, auf dem Mose die 10 Gebote empfing

Lösung:
Textpuzzle: Das Leben des Mose

Als mein Volk, die Israeliten, in Ägypten als Sklaven lebten, wurde ich dort geboren.
Ich wurde von meiner Mutter ausgesetzt, da der Pharao den Befehl erlassen hatte, alle neugeborenen israelitischen Knaben zu töten.
Die Tochter des ägyptischen Pharaos fand mich und so wuchs ich am Hof des Pharaos auf.
Gott erschien mir im brennenden Dornbusch und gab mir den Auftrag, das Volk aus Ägypten zu führen.
Der Pharao wollte uns nicht ziehen lassen. Daher sendete der Herr Plagen über das ägyptische Volk.
Als der Pharao uns nach den Plagen endlich freigab, führte Gott mein Volk zum Schilfmeer.
Die Ägypter verfolgten uns, kamen aber im Schilfmeer um.
Vom Schilfmeer aus zogen wir durch die Wüste. Am Berg Sinai schloss Gott einen Bund mit meinem Volk und gab uns die 10 Gebote.
Mein Volk brach den Bund mit Gott, indem es ein goldenes Kalb baute und dieses anbetete.
Nach der Erneuerung des Bundes zogen wir noch lange durch die Wüste, bis wir nach Kanaan kamen und mein Volk sich dort niederließ.

Lösung:
Das Buch Rut

			1																
2	M	O	A	B	[A] I	T	E	R	I	N		3			4		5		
			E							6		S			B		[E] G		
		7	H	U	[B] N	G	E	R	S	N	O	T		8	O	B	E	B	
			R							O		A			A		R		
9	F	R	E	M	D	E	10			O	11	M	A	S	S		S		
			[K] N				S			M		M					T	12	
			L		13		O		14	[I] I		M				15	E	F	A
	16	B	E	T	L	[D] E	H	E	M	17	J	U	D	A				L	
			S		[J] O		N		O			[C] T		18	F	[F] R	A	U	
			E		E				[G] A			T						C	
			N		S				B			E						H	
					E					19	O	R	P	A	20	R	U	[H] T	
					R														

Lösungswort: **INTEGRATION**

Lösung:
Domino: Exodus (2)

Sinai	Frau des Mose	Zippora	Stelle, an dem Mose als Baby gefunden wurde
Nilufer	Gott begleitete die Israeliten am Tag in einer …	Wolkensäule	Arbeit, die die Israeliten in Ägypten verrrichten mussten
Frondienst	Brot, das die Israeliten am Morgen in der Wüste aßen	Manna	Dauer der Wüstenwanderung
40 Jahre	Land, in dem die Israeliten als Sklaven lebten	Ägypten	Gegenstand, auf dem die 10 Gebote standen
2 steinerne Tafeln	Nachfolger des Mose	Josua	Land, in das die Israeliten zogen
Kanaan	Ort, an dem Mose als Kind lebte	Hof des Pharao	Ende

Lösung:
Prophetinnen und Propheten (2)

I-III0-I0II-II00-I-I0I-III-I0I-I00I0	ANKLAEGER
I0-IIII-I0I00-I0I--III-IIII-I0I00--I0I00-I0I-I00II	BOTE GOTTES
I0I-I00I0-I0III-I0I-II-I0II-I0I-I00I0-- I00-I0I-I00II--III-II00-I-I0I0I-I0-I0I-III0-I00II	ERWECKER DES GLAUBENS
I0I-II0I-I0000-II0-I-I0I-III0-III-I0I-I00I0-- III-IIII-I0I-I0I00-I0I00-II00-I00I-II-I000-I0I-I00I0-- I-I0I0I-II0-I0I00-I00I0-I-I0I-III-I0I	EMPFAENGER GOETTLICHER AUFTRAEGE
II0-I0I0I-I0I-I000-I00I0-I0I-I00I0	FUEHRER
III-IIII-I0I00-I0I00-I0I-I00II-II0I-I-III0-III0	GOTTESMANN
I0II-I00I0-I00I-I0I00-I00I-I0II-I0I-I00I0	KRITIKER
II00-I0I-III0-I0II-I0I-I00I0	LENKER
II0I-I-I000-III0-I0I-I00I0	MAHNER
I00I0-I-I0I00-III-I0I-I0-I0I-I0I0	RATGEBER
I00I0-I00I-II-I000-I0I00-I0I-I00I0	RICHTER
I00II-I0I-I000-I0I-I00I0	SEHER
I00II-I0000-I00I0-I-II-I000-I00I0-IIII-I000-I00I0-- III-IIII-I0I00-I0I00-I0I-I00II	SPRACHROHR GOTTES
I0II0-I0I-I00I0-I0II-I0I0I-I0I-III0-I00-I0I-I00I0-- III-IIII-I0I-I0I00-I0I00-II00-I00I-II-I000-I0I-III0-- I0III-I00I-II00-II00-I0I-III0-I00II	VERKUENDER GOETTLICHEN WILLENS
I0II0-IIII-I00I0-II00-I-I0I-I0I0I-II0-I0I-I00I0-- I00-I0I-I00II--II0I-I0I-I00II-I00II-I00I-I-I00II	VORLAEUFER DES MESSIAS
I0III-I-I0I-II-I000-I0I00-I0I-I00I0	WAECHTER

I	A	I0I0	J	I00II	S
I0	B	I0II	K	I0I00	T
II	C	II00	L	I0I0I	U
I00	D	II0I	M	I0II0	V
I0I	E	III0	N	I0III	W
II0	F	IIII	O	II000	X
III	G	I0000	P	II00I	Y
I000	H	I000I	Q	II0I0	Z
I00I	I	I00I0	R		

Lösung:
Prophetinnen und Propheten (1)

I-II0I-IIII-I00II	AMOS
I0-I-I00I0-I0I0I-II-I000	BARUCH
I00-I-III0-I00I-I0I-II00	DANIEL
I00-I0I-I0-IIII-I00I0-I	DEBORA
I0I-II00-I00I-I0I0-I	ELIJA
I0I-II00-I00I-I00II-II-I000-I	ELISCHA
I0I-II0I0-I0I-II-I000-I00I-I0I-II00	EZECHIEL
I000-I-I0-I-I0II-I0I0I-I0II	HABAKUK
I000-I-III-III-I-I00I	HAGGAI
I000-IIII-I00II-I0I-I	HOSEA
I0I0-I0I-I00I0-I0I-II0I-I00I-I	JEREMIA
I0I0-I0I-I00II-I-I0I0-I	JESAJA
I0I0-IIII-I0I-II00	JOEL
I0I0-IIII-III0-I	JONA
II0I-I-II00-I0I-I-II-I000-I00I	MALEACHI
II0I-I00I-II-I000-I	MICHA
II0I-I00I-I00I0-I0I0-I-II0I	MIRJAM
III0-I-I000-I0I0I-II0I	NAHUM
III0-IIII-I-I00-I0I0-I	NOADJA
IIII-I0-I-I00-I0I0-I	OBADJA
I00II-I-II-I000-I-I00I0-I0I0-I	SACHARJA
II0I0-I0I-II0-I-III0-I0I0-I	ZEFANJA

I	A	I0I0	J	I00II	S
I0	B	I0II	K	I0I00	T
II	C	II00	L	I0I0I	U
I00	D	II0I	M	I0II0	V
I0I	E	III0	N	I0III	W
II0	F	IIII	O	II000	X
III	G	I0000	P	II00I	Y
I000	H	I000I	Q	II0I0	Z
I00I	I	I00I0	R		

Lösung: David, ein großer König

1. In welchem Ort wurde David geboren?

   Betlehem

2. Welchen ursprünglichen Beruf hatte David?

   Hirte

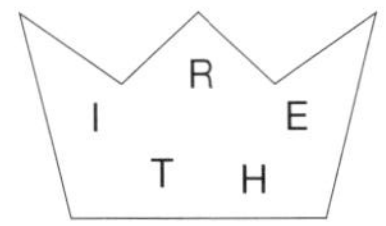

3. Welches Instrument spielte David am Königshof Sauls?

   Harfe

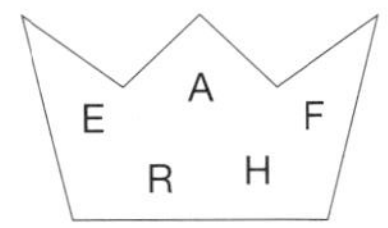

4. Wie hieß Davids Freund?

   Jonatan

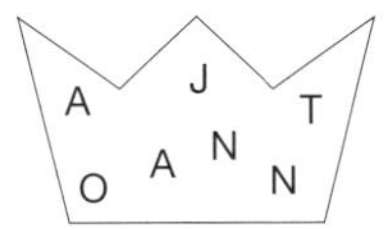

5. Welches Volk bekämpfte David?

   Philister

6. Wie hieß der Riese bei den Philistern, den David besiegte?

   Goliat

7. Wie lange regierte David?

   vierzig (Jahre)

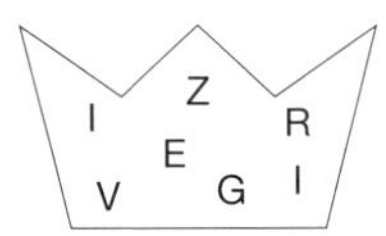

8. Wofür sorgte er im Land?

   Gerechtigkeit

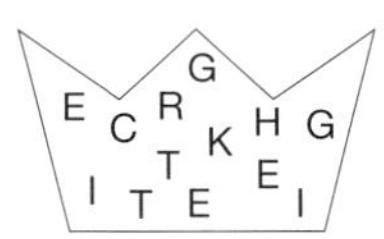

9. Wie hieß der Prophet, der David den Weg zu Jahwe zeigte?

   Natan

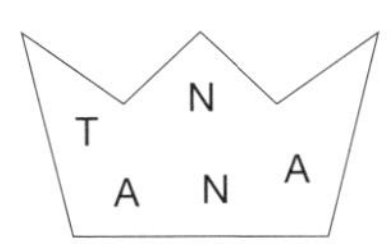

10. Welchen Namen hatte sein Nachfolger?

    Salomo

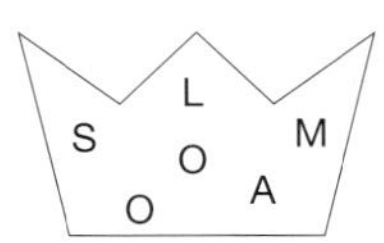

Lösung: Debora

DEBORA
11-12-2-120-200-1

ANFUEHRERIN
1-112-20-210-12-22-200-12-200-100-112

DICHTERIN
11-100-10-22-202-12-200-100-112

GOTTESFRAU
21-120-202-202-12-201-20-200-1-210

KRITIKERIN
102-200-100-202-100-102-12-200-100-112

LENKERIN
110-12-112-102-12-200-100-112

MUTTER ISRAELS
111-210-202-202-12-200---100-201-200-1-12-110-201

RATGEBERIN
200-1-202-21-12-2-12-200-100-112

RICHTERIN
200-100-10-22-202-12-200-100-112

PROPHETIN
121-200-120-121-22-12-202-100-112

VORKAEMPFERIN
211-120-200-102-1-12-111-121-20-12-200-100-- 12

FREUNDLICH
20-200-12-210-112-11-110-100-10-22

GERECHT
21-12-200-12-10-22-202

KLUG
102-110-210-21

MAECHTIG
111-1-12-10-22-202-100-21

MUTIG
111-210-202-100-21

REDEGEWANDT
200-12-11-12-21-12-212-1-112-11-202

SELBSTBEWUSST
201-12-110-2-201-202-2-12-212-210-201-201-202

STOLZ
201-202-120-110-222

VERANTWORTUNGSBEWUSST
211-12-200-1-112-202-212-120-200-202-210-
112-21-201-2-12-212-210-201-201-202

WEISE
212-12-100-201-12

1	A	101	J	201	S
2	B	102	K	202	T
10	C	110	L	210	U
11	D	111	M	211	V
12	E	112	N	212	W
20	F	120	O	220	X
21	G	121	P	221	Y
22	H	122	Q	222	Z
100	I	200	R		

Lösung:
Geheimschrift: Das Abc des Alten Testaments

A: 1CK5J K5JK1D5EK	Altes Testament
B: 2LE45JC145	Bundeslade
C: 38IFE9B	Chronik
D: 45B1CF7	Dekalog
E: 545E	Eden
F: 6I59859K	Freiheit
G: 75J5KQ5JK165CE	Gesetzestafeln
H: 8F66ELE7	Hoffnung
I: 9J11B	Isaak
J: A18N5	Jahwe
K: B1E11E	Kanaan
L: C9M5K5E	Leviten
M: D1EE1	Manna
N: E9C	Nil
O: FG65I	Opfer
P: G5EK1K5L38	Pentateuch
Q: HL1JK5E	Quasten
R: I59E859K	Reinheit
S: J1DL5C	Samuel
T: K5DG5C	Tempel
U: LI75J38938K5	Urgeschichte
V: M5I859RLE7	Verheißung
W: NFIK 7FKK5J	Wort Gottes
X: 792K'J E9O	Gibt's nix
Y: PJFG	Ysop
Z: Q5CK	Zelt

1	2	3	4	5	6	7	8	9	A	B	C	D	E	F	G	H	I	J	K	L	M	N	O	P	Q	R
A	B	C	D	E	F	G	H	I	J	K	L	M	N	O	P	Q	R	S	T	U	V	W	X	Y	Z	ß

Lösung:
Die Königszeit

1					S	A	L	B	U	N	G			
2							J	U	D	A				
3				S	T	E	I	N						
4		S	C	H	L	E	U	D	E	R				
5				Z	I	T	H	E	R					
6								S	E	H	E	R		
7			T	E	M	P	E	L						
8							R	A	M	A				
9								D	A	V	I	D		
10			S	C	H	A	F	E						
								–						
11								J	O	N	A	T	A	N
12				B	E	T	L	E	H	E	M			
13	W	A	F	F	E	N	T	R	A	E	G	E	R	
14						S	A	U	L					
15								S	A	M	U	E	L	
16							N	A	T	A	N			
17						G	O	L	I	A	T			
18	P	H	I	L	I	S	T	E	R					
19				S	A	L	O	M	O					

Lösung: Die **BUNDESLADE** in **JERUSALEM**

Lösung:
Das Buch der Bücher

①	LE**D**ER
②	GR**I**ECHISCH
③	T**E**STAMENT
④	GE**B**OTE
⑤	EVANGEL**I**EN
⑥	**B**RIEFE
⑦	MUENDL**I**CHE
⑧	GLE**I**CHNISSE
⑨	I**S**RAELITEN
⑩	S**C**HRIFTROLLE
⑪	**H**EBRAEISCH
⑫	P**E**RGAMENT
⑬	**B**UND
⑭	STE**I**N
⑮	**B**UCH
⑯	A**L**TES
⑰	SCHR**I**FTLICHE
⑱	T**O**N
⑲	MA**T**THAEUS
⑳	ARAMAEISC**H**
㉑	J**E**SUS
㉒	MAR**K**US

Lösung: **DIE BIBLISCHE BIBLIOTHEK**

Lösung:
Schlangenrätsel zum Alten Testament

1 M	O	S	2 E	S	A	3 U	4 R	A	H	E	5 L	O	6 T	0	C
															H
															T
18 L	I	C	H	19 T	A	G	20 E	V	21 A	N	G	S			E
I												22 T			7 R
17 N												A			E
O			31 R	U	32 T	E	M	P	E			U			B
R			E						33 L			B			E
A			T						E			23 E			K
16 A			H						34 A			L			K
M			C						D			I			8 A
A			I						A			J			B
15 R			30 R						35 M			24 A			R
A			E						E			R			A
G			T			N			D			C			H
A			E			E			I			H			A
14 H			A			D			A			25 E			9 M
C			V			A	M	O	36 N			D			I
A			Z									E			R
O			R									26 N			J
13 N			29 E	U	E	28 R	E	F	P	27 O	B	A			A
E															10 M
M															A
M	O	K	H	C	A	12 N	E	T	P	Y	G	E	11 A	N	N

Lösung:
Domino: Die Bibel (2)

Exodus	Material der Tafeln, auf denen man mit Griffeln schrieb	Ton	Eine Person mit 5 Buchstaben, an die Paulus schrieb
Titus	Schreibmaterial aus einer Pflanze, die am Nil wächst	Papyrus	Person, die die meisten Briefe im NT schrieb
Paulus	Das älteste Evangelium	Markusevangelium	Früher verbreitete Buchform
Schriftrolle	1. Buch der Propheten	Das Buch Jesaja	Verfasser des Briefes an die Römer
Paulus	Nachteil von Papyrus	Feuchtigkeit wird angezogen	5. Buch Mose
Deuteronomium	Verfasser des letzten Briefes in der Bibel	Judas	Ende

Lösung:
Domino: Die Bibel (1)

Start	Die zwei großen Teile der Bibel	AT und NT	Sprache des AT
Hebräisch	Juden und Christen haben einen Teil der Bibel gemeinsam	AT	Sprache des NT
Griechisch	Gebetssammlung aus dem AT	Psalmen	Jüngstes Evangelium
Johannesevangelium	1. Buch Mose	Genesis	Das Buch der Bücher
Bibel	Buch eines Propheten mit 4 Buchstaben	Das Buch Amos	Adressat des 4. Paulinischen Briefes
Galater	Muttersprache Jesu	Aramäisch	2. Buch Mose

Lösung:
Bedeutende Männer der Bibel im Silbenmix

AT	NT
1. Abel	1. Andreas
2. Abraham	2. Herodes
3. Adam	3. Jakobus
4. David	4. Jesus
5. Isaak	5. Johannes
6. Jakob	6. Judas
7. Jesaja	7. Matthäus
8. Jona	8. Paulus
9. Josef	9. Petrus
10. Kain	10. Stephanus
11. Mose	11. Thomas

Lösung:
Bedeutende Frauen der Bibel im Buchstabenlabyrinth

		E						S							
			V				R	A	H	E	L	M			
				A				R				A			
								A				R			
												I	M		
												A	I		
		H	A	G	A	R						V	R		
												O	J		
												N	A		
												M	M		
												A			
				R	U	T						G	E		
	M				E							D	L		
	A					B						A	I		
	R						E					L	S		
	I							K				A	A		
	A								K				B		
H										A			E		
	A				D	E	B	O	R	A			T		
		N													
			N												
				A											

Lösung: Der biblische Zoo

1. Gen 8,9:	**T**	A	U	B	E						
2. Lev 11,7:	W	**I**	L	D	S	C	H	W	E	I	N
3. Ex 4,3:	S	C	H	L	A	N	G	**E**			
4. Dtn 14,14:	**R**	A	B	E							
5. Lev 11,4:	K	A	M	**E**	L						
6. Gen 22,3:	E	**S**	E	L							
7. Gen 15,9 (3. Tier):	W	**I**	D	D	E	R					
8. Ex 22,30:	H	U	**N**	D							
9. Lev 3,1:	R	I	N	**D**							
10. Num 29,25:	Z	I	E	**G**	E	N	B	O	C	K	
11. Gen 15,11:	R	A	U	B	V	**O**	G	E	L		
12. Ex 8,12:	S	**T**	E	C	H	M	U	E	C	K	E
13. Lev 11,19 (1. Tier):	S	**T**	O	R	C	H					
14. Dtn 14,5 (3. Tier):	R	**E**	H	B	O	C	K				
15. Dtn 25,4:	O	C	H	**S**	E						
16. Gen 12,16 (2. Tier):	Z	I	E	**G**	E						
17. Lev 11,6:	H	A	S	**E**							
18. Gen 1,26 (1. Tier):	F	I	**S**	C	H						
19. Ex 2,16 (1. Tier):	S	**C**	H	A	F						
20. Gen 32,16 (2. Tier):	K	U	**H**								
21. Ex 7,28:	F	R	**O**	S	C	H					
22. Lev 4,16:	S	T	I	**E**	R						
23. Dtn 14,7 (3. Tier):	K	L	I	**P**	P	D	A	C	H	S	
24. Lev 11,17 (2. Tier):	**F**	I	S	C	H	E	U	L	**E**		

Lösung: **TIERE SIND GOTTES GESCHOEPFE**

Lösung: Wer bin ich?

1.	Lk 6,21	=>	Jesus
2.	Joh 20,25	=>	Thomas
3.	1 Sam 7,3	=>	Samuel
4.	Gen 27,6	=>	Rebekka
5.	Ijob 16,6	=>	Ijob
6.	Apg 13,16	=>	Paulus
7.	Jes 37,6	=>	Jesaja
8.	Mk 14,71	=>	Petrus
9.	Jona 4,2	=>	Jona
10.	Gen 21,7	=>	Sara
11.	Mt 27,11	=>	Pilatus
12.	Gen 4,8	=>	Kain
13.	Mt 2,8	=>	Herodes
14.	Ex 35,2	=>	Mose
15.	Joh 20,2	=>	Maria von Magdala

Lösung: Was bin ich?

1.	Mk 6,3	Jesus	=>	Zimmermann
2.	Gen 4,2	Abel	=>	Schafhirt
3.	Ex 1,15	Schifra	=>	Hebamme
4.	Mt 4,18	Simon	=>	Fischer
5.	Gen 4,2	Kain	=>	Ackerbauer
6.	Lk 1,5	Zacharias	=>	Priester
7.	Gen 16,1	Hagar	=>	Magd
8.	Mt 27,11	Pilatus	=>	Statthalter
9.	Joh 11,49	Kajaphas	=>	Hohepriester
10.	Gen 29,9	Rahel	=>	Hirtin
11.	Mk 5,35	Jairus	=>	Synagogenvorsteher
12.	Lk 5,27	Levi	=>	Zöllner
13.	1 Sam 7,15	Samuel	=>	Richter
14.	Apg 18,3	Paulus	=>	Zeltmacher
15.	Lk 2,2	Quirinius	=>	Statthalter

Lösung:
Spurensuche

1. Gott sprach: Es werde Licht. Und es wurde Licht. (Gen 1,3)

2. Die Flut auf der Erde dauerte 40 Tage. Das Wasser stieg und hob die Arche immer höher über die Erde. (Gen 7,17)

3. Der Herr sprach zu Abraham: Zieh weg aus deinem Land, von deiner Verwandtschaft und aus deinem Vaterhaus in das Land, das ich dir zeigen werde. (Gen 12,1)

4. Dort erschien ihm der Engel des Herrn in einer Flamme, die aus dem Dornbusch emporschlug. Er schaute hin: Da brannte der Dornbusch und verbrannte doch nicht. (Ex 3,2)

5. Du sollst nicht morden. (Ex 20,13)

6. Da trat aus dem Lager der Philister ein Vorkämpfer namens Goliat aus Gat hervor. Er war sechs Ellen und eine Spanne groß. (1 Sam 17,4)

7. Als Jesus zur Zeit des Königs Herodes in Betlehem in Judäa geboren war, kamen Sterndeuter aus dem Osten nach Jerusalem. (Mt 2,1)

8. In jener Gegend lagerten Hirten auf freiem Feld und hielten Nachtwache bei ihrer Herde. (Lk 2,8)

9. Als Jesus an die Stelle kam, schaute er hinauf und sagte zu ihm: Zachäus, komm schnell herunter! Denn ich muss heute in deinem Haus zu Gast sein. (Lk 19,5)

10. Am gleichen Tag waren zwei von den Jüngern auf dem Weg in ein Dorf namens Emmaus, das sechzig Stadien von Jerusalem entfernt ist. (Lk 24,13)

Lösung:
Die biblische Pflanzenwelt

1. Ex 23,11:	O	E	L	[1]B	A	U	M				
2. Lev 23,40:	B	A	C	[16]H	[3]W	E	I	D	E		
3. Gen 6,14:	Z	Y	P	R	E	S	S	[2]E			
4. Dtn 32,32:	W	E	I	N	S	T	[17]O	C	K		
5. Ex 15,27:	[19]P	[4]A	L	M	E						
6. Ex 12,8:	B	I	[11]T	T	E	[6]R	K	R	A	U	T
7. Ex 9,31 (2. Pflanze):	[23]G	[7]E	R	S	[10]T	E					
8. Ex 12,22:	Y	S	[9]O	P							
9. Ex 25,10:	A	K	A	Z	I	[18]E					
10. Ex 9,31 (1. Pflanze):	[20]F	L	A	[15]C	H	S					
11. Ex 2,3 (2. Pflanze):	S	C	[5]H	I	L	F					
12. Gen 18,1:	[12]E	I	C	H	E						
13. Ex 9,32 (1. Pflanze):	W	E	I	Z	E	[22]N					
14. Ex 3,2:	D	O	R	N	B	[21]U	[14]S	C	H		
15. Ex 2,3 (1. Pflanze):	B	I	N	[13]S	E						
16. Gen 41,49:	[8]G	E	T	R	E	I	D	E			

Lösung:

[1]B	[2]E	[3]W	[4]A	[5]H	[6]R	[7]E			
[8]G	[9]O	[10]T	[11]T	[12]E	[13]S				
[14]S	[15]C	[16]H	[17]O	[18]E	[19]P	[20]F	[21]U	[22]N	[23]G

Lösung:
Schlangerätsel zur Bibel

1 J	E	S	U	2 S	I	N	T	F	L	U	3 T	A	R	S	U	4 S
																Y
																N
E	S	S	A	L	O	N	I	C	16 H	E	L	D				O
H												E				P
15 T												N				T
A			U	22 M	E	S	S	I	A			C				I
B			I						23 S			H				K
B			L						T			R				E
A			E						E			I				5 R
14 S			G			E			U			S				O
U			N			H			E			T				E
K			A			C			R			E				M
I			V			A			L			17 N				E
T			21 E			W			I			A				6 R
I			V			T			S			Z				A
V			I			H			T			O				B
E			N			C	A	24 N	E			R				B
13 L			I									A				7 I
E			20 N									E				S
G			E	M	19 A	K	K	E	B	E	18 R	E				A
N																A
12 E																8 K
G	N	A	L	H	C	11 S	A	K	U	10 L	E	B	9 A	N		A

Lösung:
Rechenrätsel

1. a) Gen 5,3 + Gen 5,11 – Gen 5,31

   130 + 905 – 777 = 258

   b) Gen 5,6 + Gen 41,1 – Gen 5,15 + Gen 40,20

   105 + 2 – 65 + 3 = 45

   c) Gen 11,16 + Gen 11,17 + Gen 11,18 + Gen 11,21

   34 + 430 + 30 + 207 = 701

   d) Gen 11,14 + Gen 23,1 – Gen 47,9

   30 + 127 – 130 = 27

2. a) Gen 8,3 · Gen 8,6 + Gen 5,32

   150 · 40 + 500 = 6500

   b) (Gen 41,2 + Gen 5,28) · (Gen 5,17 – Gen 7,17)

   (7 + 182) · (895 – 40) = 161 595

   c) Gen 29,20 · Gen 23,1 – Gen 5,22 : Gen 11,14

   7 · 127 – 300 : 30 = 879

   d) (Gen 5,14 – Gen 5,30) · (Gen 11,20 + Gen 16,16) + Gen 5,31

   (910 – 595) · (32 + 86) + 777 = 37 947

Anhang

1. Abkürzungen

AT	Das Alte Testament
Gen	Das Buch Genesis
Ex	Das Buch Exodus
Lev	Das Buch Levitikus
Num	Das Buch Numeri
Dtn	Das Buch Deuteronomium
1 Sam	Das 1. Buch Samuel
2 Sam	Das 2. Buch Samuel
Jes	Das Buch Jesaja
Jer	Das Buch Jeremia

NT	Das Neue Testament
Mt	Das Evangelium nach Matthäus
Mk	Das Evangelium nach Markus
Lk	Das Evangelium nach Lukas
Joh	Das Evangelium nach Johannes

2. Verwendete Bibel:

Einheitsübersetzung der Heiligen Schrift:
Die Bibel (Gesamtausgabe)
Kath. Bibelanstalt; Stuttgart 1982